12星座で「いちばん夢を現実化する」

山羊座男子の取扱説明書

監修 アストロロジャー 來夢

櫻井秀勲

著 早稲田運命学研究会

きずな出版

はじめに　なぜか気になる山羊座男子の秘密

「しっかりしていて、羽目《はめ》をはずしたりすることはない」

山羊座男子のことをよく知る人たちは、そんなふうに思っているでしょう。

それは、生真面目《きまじめ》さから来る礼儀正しさのせいかもしれません。

TPOをわきまえた服装や言葉づかい、目上の人などへの挨拶もきちんとできる彼は、たとえば意見を求められるようなときにも、自分の言葉で自分の考えを伝えることができます。

そのせいか、同世代の人に比べると、彼は少し落ち着いて見られることが多いでしょう。

自分から、人の輪のなかに積極的に参加するということは、あまりありません。だからといって人づき合いが苦手なわけではありません。

その場の状況を的確に判断し、自分が動くべきとき、言うべきときなどのタイミングを見計らうことができるのです。

無駄なおしゃべりやゴシップは、彼の人生には必要ありません。ただひたむきに自分の人生を生き、より成長していこう、学んでいこうと、精一杯に努力することこそ、彼が求めることです。

周囲の意見に惑《まど》わされず、自分の道を確実に歩んでいく彼は、傍《はた》から見れば、叶《かな》わぬ夢に思えるようなことも、現実にしていく力があります。そう、山羊座男子はいつも高みをめざし、それを必ず成し遂げます。

そんな彼を頼もしく思う女性は多いでしょう。

星座には、牡羊座から魚座まで12の星座がありますが、地に足のついた安定感がある男性といえば、山羊座の男性は、そのナンバー1だといっても過言ではありません。

山羊座男子は、流行を追うようなことはありません。時代や情報に惑わされない本物を求める感覚を持っています。

ところで、山羊座は二十四節気の冬至から始まる星座です。冬至は昼間の時間が最も短く、また季節的にも寒さの厳しい時期です。

そういうなかで始まりを迎える山羊座は、厳しい状況にも耐え得る強さを持っています。また冬至を境に昼の明るい時間が長くなります。始まりは暗くて耐えることが多くても、そこから始まる未来への明るさを信じて、自分の足で向かうことができるのが山羊座の本質なのです。

どのような境遇でも忍耐強く挑《いど》みながら、明るい未来を手にしていく強さがある。そこが、本書のタイトルを、『12星座で「いちばん夢を現実化できる」山羊座男子の取扱説明書』とした所以《ゆえん》です。

そんな山羊座男子に愛されやすいのは、何座の女性でしょうか。二人の関係が発展、持続していくには、どんなことに気をつけていったらいいでしょうか。

恋愛関係にかぎりません。たとえば山羊座の男性が家族であったり、同じ学校や職場、取引先にいたら、あなたにとって彼は、どんな存在でしょうか。


私はアストロロジャーとして、星の教えを学び、それを私とご縁のある方たちにお伝えしてきました。本書は、そんな私が自信を持ってお届けする一冊です。

この本は私の専門である西洋占星学だけでなく、もう一人の監修者であり、早稲田運命学研究会を主宰されている櫻井秀勲先生の専門である性差心理学の視点から、男性と女性の考え方の差についても考慮して、「山羊座男子」の基本的な価値観や資質、行動の傾向が書かれています。

「山羊座男子」の傾向と対策を知ることで、彼に対する理解が、これまで以上に深まるでしょう。また、それによって、あなた自身の価値観を広げ、コミュニケーションに役立てることができます。

私たちは、誰も一人では生きていけません。

自分は一人ぼっちだという人でも、本当は、そんなことはありません。「人」という字が、支え合っている形をしていることからもわかるように、男性でも女性でも、必ず誰かとつながっています。

誰かとつながっていきながら、幸せを模索していくのです。

「おはよう」の挨拶に始まり、「さようなら」「おやすみなさい」で一日が終わるまで、日常的な会話を交わす人、ただ見かける人など、その数をかぞえれば意外と毎日、いろいろな人に出会っていることがわかるでしょう。

私たちは平均すると、一生のうちに10万人と挨拶を交《か》わすそうです。

長いつき合いになる人もいれば、通りすぎていくだけの人もいます。

とても仲よしの人、自然とわかり合える人など、優しい気持ちでつき合うことができたり、一緒の時間をゆったり過すごせる人も大勢います。

相手のプライベートなことも、自分の正確な気持ちもわからないけど、なんだか気になる、なぜか考えてしまう人もいることでしょう。

誰からも嫌われているという人はいません。それと同じで、誰からも好かれるということも、残念ながらありません。

気の合う人もいれば、合わない人もいる。それが人間関係です。

でも、「この人には好かれたい」「いい関係を築きたい」という人がいるなら、そうなるように努力することはできます。それこそが人生です。

そして、そうするための知恵と情報の一つが、西洋占星学です。

「この人は、どんな人か」と考えたときに、その人の星座だけを見て決めつけるのは、乱暴です。「山羊座」には、山羊座らしい傾向というものがありますが、前でも書いた通り、「人の輪のなかに積極的に参加しない」といっても、それだから悪いということにはなりません。

また、ここでいう「山羊座男子」というのは、「太陽星座が山羊座」の男性のことですが、西洋占星学は、その人の傾向をホロスコープで見ていきます。

本文でも詳しく説明していきますが、ホロスコープには、「太陽」「月」「水星」「金星」「火星」「木星」「土星」「天王星」「海王星」「冥王星」の10の天体の位置が描かれます。生まれたときに太陽が山羊座にあった人が「山羊座」になりますが、太陽星座が山羊座でも、月の位置を示す「月星座」がどこにあるかによって、その人らしさは違って見えます。

「私の彼は山羊座だけど、それほど落ち着いた感じはない」というような場合には、月星座の影響が強く出ている可能性があります。

逆にいえば、月星座が山羊座の場合には、太陽星座が山羊座でなくても、山羊座らしさが強く出る人もいます。

この本では、「山羊座男子の取扱説明書」としていますが、月星座が山羊座だという男性にも、当てはまるところが多いでしょう。

とくに、恋愛関係やパートナーとしてのつき合いにおいては、太陽星座よりも月星座の面が強く出ることもあります。

本書は、「山羊座は〇〇な人だ」と決めつけるものではなく、その星の人が持ちやすい本能ともいえるような特徴などを理解して、よりよい絆《きずな》を築くことを目的として出版するものです。

あなたの大切な人である「山羊座男子」のことをもっと知って、いい関係をつくっていきましょう。

アストロロジャー
來　夢

安全上のご注意

山羊座男子と、よりよい関係をつくるために

・『山羊座男子の取扱説明書』は山羊座男子の基本的な考え方、行動パターンなどを知って、よりよい関係性を築くことを目的としております。山羊座を含め、すべての星座の男子に対して、理解と優しさを持って、つき合っていくようにしましょう。

・山羊座男子及び他のどの星座であっても、最初から決めつけたり、相手の存在や気持ちを無視するような行為はやめましょう。

・山羊座男子もあなたと同じ感情や思考を持つ人間です。
意見が合わないとか、気持ちのすれ違いなど、あなたの価値観とは多少の不具合が生

じるかもしれません。可能なかぎり広い気持ちで接することを心がけましょう。

・自分が山羊座男子の場合

この本の内容のような印象で、周囲はあなたのことを見ている可能性があります。あなたにとっては、思ってもみないこともあるかもしれませんが、あくまでも傾向の一つとして自分自身を振り返っていただければ幸いです。

身近な人たちからの指摘で納得できること、自分で気になる点などがありましたら、改善をご検討ください。

すでに何かの部分で不具合などが生じている場合は、この本の注意点を参考に、あなたの言動の見直しにお役立てください。

★目次

2 Basic Style
山羊座男子の基本

5 Compatibility 山羊座男子との相性

6 Relationship
山羊座男子とのつき合い方

7 Maintenance
山羊座男子の強みと弱点

Option 8 山羊座男子と幸せになる秘訣

12星座で「いちばん夢を現実化する」山羊座男子の取扱説明書

執筆協力＝Julia☆

1

Start Up

西洋占星学と12星座について

12星座の始まり

西洋占星学は紀元前から続いてきた

この『12星座で「いちばん夢を現実化する」山羊座男子の取扱説明書』は、西洋占星学の12星座の山羊座の研究をもとにしています。

西洋占星学のなかの12星座ですが、日本では1950年頃から研究が一挙に進み、現在多くの優秀な占星術師により、もっとも信頼のおける占術《せんじゅつ》となっています。

早稲田運命学研究会会長の櫻井秀勲は1960年頃、「女性自身」の編集部に配属になったことで、恐らく日本初の西洋占星学のページをつくっています。

それ以後、12星座占いは次第にポピュラーなものになっていき、女性で自分の星座名や性格、特徴を知らないという人はいないといってもいいほどです。

この12星座のもとになった西洋占星学は、はるか昔、紀元前の頃から始まっています。

始まりについてはさまざまな説がありますが、世界最古の文明である紀元前5000～3000年頃のメソポタミアの時代に生まれたという説もあります。

ここで重要なことは「文明が興ると占いも起こる」という点です。

これは中国でも同じで、人間は占いなしでは生きられないのです。いや、日本でも武将や貴族たちは、占いを日常的に活用することで、人間の和を保ってきました。

そのようにはるか昔からの長い歴史のなかで、星の動きと自然現象、人間の運命などと結びつけ、細かい情報や研究が受け継がれて、いまのようなかたちになりました。

それだけに、この占いは正確です。

遊び半分の気持ちで読むのは、もったいない。あなた自身の一生を決めるかもしれない情報と知識が盛り込まれている、と思って参考にしてください。

ホロスコープと星の読み方

この地球に生まれた瞬間の星の位置を知る

西洋占星学は、12星座だけでなく、いろいろな情報をあわせて読んでいきます。

・12星座
・10の天体（惑星）
・12に区切られた室（ハウス）

と、最低でもこれらの星と、その星の位置と角度の情報を、一つの円のなかに描いたものがホロスコープ（天体図）といわれるものです。

このホロスコープを読み解くことで、その人の生まれもった資質と運命を知ることができるのです。

ホロスコープ（天体図）には、その人の生まれた日にちと時間、場所による星の配

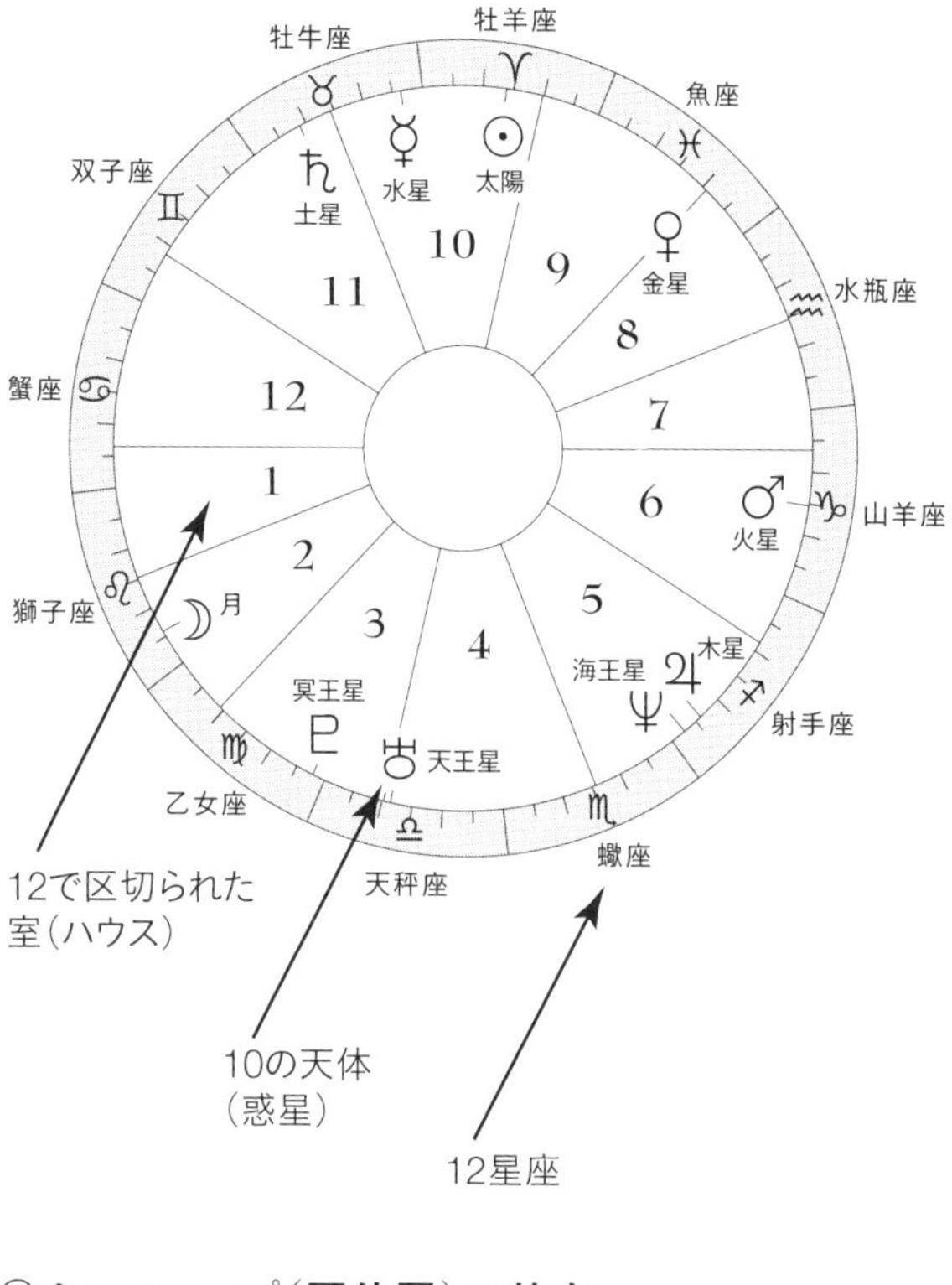

◉ホロスコープ(天体図)の基本

・いちばん外側が12星座
・その内側が10の天体(惑星)
・円の内側の数字は12に区切られた室(ハウス)

置が描かれます。それは同時に、あなたがこの地球に生まれた瞬間の宇宙の星たちの位置を知ることになります。

あなたがこの地球で生きていくために、持って生まれた才能、起こりうる未来の可能性などを記された人生の地図として活用できます。

かつてイギリスとフランスの王宮には、その国のもっともすぐれた占星術師（アストロロジャー）が召《め》し抱えられていました。いや、いまでもいるという話もあります。

それこそ、世界の崩壊を予言したノストラダムスや20世紀最高の占い師とされた天才キロも、最初は王宮で認められたのです。

これらの占星術師は国に王子、王女が生まれると、王から命じられて、秘かにその方々の一生の天体図をつくり上げ、それには亡くなる年齢と時期まで書かれていた、といわれています。

それほど当たるということです。

この人生のホロスコープを上手に読んでいくと、たとえば自分の苦手とすることや好きなこと、得意なこともわかります。

自分の好きなことや得意なことがわかると、自信を持って才能をのばしていくこともできます。

また、苦手なことや不得意なことと、どうつき合っていくのかを考える一助になります。あなたの人生において、それらを克服する必要があるのか否かを見極めるのです。必要であれば、挑戦したり、そうでなければ、あえてスルーするという選択もあります。

この本では山羊座男子とつき合っている、あるいはつき合うかもしれないあなたを中心に、参考になる情報を提供していきましょう。

守護星となる10の天体（惑星）

これから起こる人生のテーマを教えてくれる

10個の天体（惑星）とは、次の通りです。

天体（惑星）	記号	意味
太陽	☉	活力・強固な意志・自我・基本的な性格
月	☽	感受性・潜在意識・感情の反応パターン
水星	☿	知性の働かせ方・コミュニケーション能力
金星	♀	愛・美・嗜好・楽しみ方
火星	♂	勇気・情熱・開拓・意志と行動の傾向
木星	♃	発展・拡大・幸せ・成功

土　星	♄	制限・忍耐・勤勉
天王星	♅	自由と改革・独創性
海王星	♆	直感力・奉仕
冥王星	♇	死と再生・洞察力・秘密

ここで大事なのは、占星学では太陽も月も惑星と見なしているということです。

そして、この10個の天体（惑星）はすべての人のホロスコープにあり、その人の持つ人格や個性のエネルギーを表します。

それぞれの天体（惑星）は、おのおのが違う速度で移動しています。そのために、その天体（惑星）の位置は移動していき、星座は変わっていくというわけです。

たとえば、太陽は山羊座の位置にあっても、月は水瓶座、水星は魚座というように、「10個それぞれが違う星座の人」もいれば、「2個は同じ星座だけど残りの8個は違う」という人もいます。

一人の人でもいろいろな星座の要素を持っていて、それがその人の「個性」となっていきます。

ホロスコープは、その人の生まれた年月日と時間と場所の情報でつくります。その人が生まれた、その瞬間の星の位置を表しますが、実際にこの10個の天体（惑星）は宇宙に存在して、つねに動いています。いまも動き、進んでいるのです。

生まれた瞬間の天体（惑星）と、いま現在の天体（惑星）の位置関係、そしてこれからも進み続ける天体（惑星）の位置関係を読むことで、その人に与えられたテーマを知ることができます。

10個の天体（惑星）の動きは、計算によって割り出され、いままでは書籍やインターネットなどで、いまこの瞬間の位置さえも簡単に知ることができます。

この10個の天体（惑星）の動き（位置）がわかると、あなたにこれから起きるテーマまでわかってしまいます。たとえば結婚などの人生の転機や、仕事での成果が得られるタイミングなども予測することができます。

けれども、それは予言ではありません。占星学は情報の一つ。それをどう活かすかは、その情報を受けとった人次第です。

たとえば結婚するのにいいタイミングが来ていたとしたら、あなたはどうするでしょうか。

いまの彼との関係を、これまで以上に真剣に考え、お互いの気持ちを確かめることができれば、星の応援を得て、一気に結婚が決まるかもしれません。

「いまの彼との結婚はない」「いまは結婚したいと思う相手がいない」という場合には、新たな出会いを求めて、婚活に力を入れてみることも、もう一つの選択です。

「いまは結婚したくない」と考えて、結婚は「次のタイミング」を待つことにするという選択もあります。

いずれにしても、選択権はその人自身にあるということです。

そして、選択したら、それに向かって努力すること。それなしに、人生を拓《ひら》いていくことはできません。

仕事においても同じことがいえます。

「うまくいく時期」「成功しやすい時期」を予測することはできますが、ただその時期を待つだけでは、たとえそのタイミングが来ても、思ったような展開は望めないでしょう。成果の出るタイミングが、たとえば2年後だとわかれば、この2年間で何をするのか、ということが重要になります。

この本では山羊座の個性について著《あらわ》していきますが、今後あなたが自分のホロスコープを見る機会があるときは、あなたの未来のテーマとタイミングも、ぜひあわせて見てください。そしてそのタイミングを逃さず、機会をキャッチすることで、これからの計画や、実際に行動を起こすことが変わります。

自分の個性を活かしながら、未来を着実なものとして、自分の人生を輝かせていきましょう。

生きる意思や基礎になる太陽星座

山羊座男子は真面目で礼儀正しい

テレビや雑誌などでよく知られている12星座占いは、「○月○日生まれは○○座」というように、生まれた日にちで星座がわかるように表しています。

本来、西洋占星学は、生まれた日にちだけの星座だけでなく、10天体（惑星）を総合的に読みますが、そのなかでも、生まれた月日の星座は、生きる意思や基本となる資質などを表すため、とてもわかりやすく、その人の特徴を知ることができます。

生まれた月日で見る星座は太陽の位置を示していることから、「太陽星座」ともいわれます。

この太陽星座は、その人がどのように、この社会で役割を果たしていくのか、どのような生き方をするかという、その人の社会的人生の基礎となる部分であり、基本となる性格を表しています。

たとえば、生まれた場所や環境は違っても、山羊座生まれの男性は、真面目で礼儀正しいという共通点があります。慎重で、確実に実績を積み重ねることのできる行動が、多くの人からの信頼を得ます。

生まれた地域や家庭環境、出会う人や関わる人の違いがあるにもかかわらず、同じ星座の人は同じような言動になりがちです。

太陽星座というだけあって、太陽のまぶしい輝きのように、その人はその星座らしくあるときがいちばん輝き、その人らしくいられるのです。

太陽星座は次のように分類されています。

【12の星座】（日にちは二十四節気の中気を目安に、生まれた年によってずれる場合があります）
牡羊座――３月21日（春分）～４月20日生まれ
牡牛座――４月21日（穀雨《こくう》）～５月21日生まれ

双子座――5月22日（小満《しょうまん》）～6月21日生まれ
蟹　座――6月22日（夏至《げし》）～7月22日生まれ
獅子座――7月23日（大暑《たいしょ》）～8月22日生まれ
乙女座――8月23日（処暑《しょしょ》）～9月23日生まれ
天秤座――9月24日（秋分）～10月23日生まれ
蠍　座――10月24日（霜降《そうこう》）～11月22日生まれ
射手座――11月23日（小雪《しょうせつ》）～12月21日生まれ
山羊座――12月22日（冬至《とうじ》）～1月20日生まれ
水瓶座――1月21日（大寒《だいかん》）～2月18日生まれ
魚　座――2月19日（雨水《うすい》）～3月20日生まれ

※（　）内が二十四節気の「中気」となります。

感情のパターンを表す月星座

同じ山羊座男子でも印象が少しずつ違う理由

太陽は昼間を明るく照らし、月は夜の暗闇の静かな時間に輝きます。

昼と夜があって一日となるように、一人の人間も、表に見せている部分だけがすべてではありません。月にあたる「陰の部分」もあわせ持っています。

陰というと、暗く、悪い面のような印象を持たれるかもしれませんが、そうではありません。ふだんは見せない、隠れている面といったほうがいいでしょうか。それがあるからこそ、その人の人生に豊かさや広がりが出てくるのです。

その人の特徴を表す星として太陽星座が大きな影響を与えていることは、これまでに書いた通りですが、太陽星座の次に、無視できないのが「月星座」です。

太陽星座が社会での行動や基本になる人生の表の顔としたら、月星座は、その人の潜在的な心の動きを表す「もう一つの顔」になります。

月星座は、その人が生まれたときに、月がどの位置にあったかで決まります。

月星座が表すものは、その人の感受性や感情のパターンです。

太陽が生きる意思であり、社会的な生き方である反面、月は感受性や感情という、その人の見えない、隠れた部分となります。

「感情」は、日常のなかで誰もが持つものです。

喜び、悲しみ、怒り、あきらめ、驚き、嫌悪《けんお》など、一日のなかでもさまざまに感情が動いていくでしょう。

でも感じたことは、言葉にしないかぎり心にしまわれて、表に出ることはありません。それだけ外には見せない、「本音の自分」であるともいえます。

その感情の持ち方にも12星座の特徴がそれぞれ当てはまり、感じ方がその月星座特有の性質となります。

たとえば、太陽星座が山羊座でも、感情の月星座は違う星座という場合もあるのです。社会的には、山羊座の性質である「現実的な人」に見えても、月星座によっては、内面は、「そうでない」という人もいます。

月は10個の天体（惑星）のなかでもっとも動きの速い星です。約2.5日で次の星座へ移動します。夜空の月を見てもわかるように、日に日に形を変えて移動していきます。ところで生まれた日の月の形が、ホロスコープを見るだけでもわかります。

たとえば、生まれた日の太陽（☉）と月（☽）の位置がほぼ重なっていたら、新月生まれとなります。つまり、太陽星座も月星座も山羊座だという人は、新月に生まれた人です。

また、生まれた日の太陽（☉）と生まれた時間の月（☽）の位置が真反対の180度の位置の場合、つまり太陽星座が山羊座で、月星座が蟹座の人は、「満月生まれ」となります。これについては『月のリズム』（來夢著、きずな出版刊）に詳しく書かれています。

1ヵ月のあいだでも、月は日々刻々と、位置と形を変えて動いています。それだけ月は動きが速いので、太陽星座が同じ山羊座生まれでも、生まれた日によって月星座は変わります。

太陽星座と月星座が同じ山羊座の場合は、生きる意思と感情が同じ星座なので、迷うことなく山羊座らしい生き方と感じ方ができます。

反対に太陽星座が山羊座で月星座が蟹座だという人は、二つの異なる星座の要素が一人のなかに存在しています。山羊座らしい面がある一方で、その人の内面では生きる意思とは違う星座の性質も心に表れてくるので、葛藤《かっとう》や迷いが生まれます。

この葛藤や迷いは、その人だけが感じることであり、周囲の人にはわかりにくいものです。

「月星座」はインターネットで調べることができます。

調べるときは、生まれた年月日だけでなく、生まれた時間がわかると、より正確な情報が得られます。月は動きが速いので、少しの時間の差で月星座が違う星座となる場合があるのです。

でもどうしても時間がわからない場合には、生まれた日にちの正午として調べることが通例となっていますので安心してください。

次に月星座の性格と特徴をあげてみましょう。

【月星座の性格と特徴】
牡羊座：目標に向かって積極的に突き進むことができる。熱いハートの持ち主。
牡牛座：温厚でマイペース。こだわりが強い。納得がいかないことには頑固。
双子座：好奇心が強く、言語や情報を扱うことを好む。気まぐれで二面性を持つ。
蟹　座：愛情が深く、世話好き。感情の浮き沈みが激しく、仲間意識が強い。
獅子座：明るく陽気で、想像力豊か。自信家でプライドが高い。
乙女座：繊細で清潔好き。分析力が高く、几帳面。他者への批判精神もある。

天秤座：調和と品格を重んじる。対人関係においてもバランス感覚抜群。
蠍　座：隠しごとや秘密が得意。嫉妬心や執着心が強く、真面目でおとなしい。
射手座：精神的成長や探求を好み、自由を愛する。移り気で飽きっぽい。
山羊座：管理能力と忍耐力がある。出世欲があり、堅実的な計算能力が高い。
恋愛に対しては控《ひか》えめで臆病。我慢強く理性的。慎重で礼儀正しい。
水瓶座：独創的で、楽天的。多くの人やグループとのつながりや交流が持てる。
魚　座：感受性が豊かで優しさにあふれ、涙もろい。自己犠牲的な愛情の持ち主。

太陽星座の山羊座と月星座の関係

彼の月星座は何ですか？

山羊座の基本となる性格に、月星座が加わることで同じ山羊座でも、感情の部分の違いが出ます。月星座を組み合わせることで真の顔がわかるということです。

太陽星座が山羊座の男子を、月星座別の組み合わせで、その特徴を見てみましょう。

山羊座の基本的な性格から見れば思いがけない彼の一面のナゾも、これによって納得できるかもしれません。この特徴は男子だけでなく、山羊座女子にも当てはまります。

【太陽星座が山羊座×各月星座の特徴】

山羊座×牡羊座：情熱と行動力で目標に向かう。突き進む強さと粘り強さを持つ。

山羊座×牡牛座：美しいものや贅沢《ぜいたく》を好み、穏やかで頑固、堅実で仕事熱心。

山羊座×双子座：真面目で機転がきく。順応性が高く、交渉力に優《すぐ》れている。
山羊座×蟹　座：保守的で家族や身内を大事にする。感情と想像力が豊か。
山羊座×獅子座：存在感があり、名誉とプライドを求めて、ひたすら努力する。
山羊座×乙女座：理性的で知的な完璧主義者。合理的に質と細部にこだわる。
山羊座×天秤座：独立独歩だが人当たりもよい。センスがよくエレガント。
山羊座×蠍　座：献身的で、粘り強さと忍耐力がある。ガードが固い野心家。
山羊座×射手座：幅広い知識への好奇心がある。活動範囲が広く、行動力もある。
山羊座×山羊座：現実的で粘り強く、真面目で安定志向。伝統を重んじる。
恋愛では、始まりはスローペースでも、親密になると官能的。
山羊座×水瓶座：つねに努力を怠《おこた》らず、頭脳明晰《めいせき》。斬新《ざんしん》なビジネスセンスを持つ。
山羊座×魚　座：一途《いちず》で、しっかり者。見えないものを論理的に表現できる。

星のパワーを発揮する10天体の関係

12星座は守護星に支配されている

12星座にはそれぞれ10の天体が守護星となっています。

この守護星は「支配星」や「ルーラー」とも呼ばれて、12星座の基本的な特徴に、10の天体の表す性質が影響を及ぼしています。

長い歴史のなかでも、占星学の初期の頃は太陽・月・水星・金星・火星・木星・土星という7つの星が守護星だと考えられていましたが、その後、天王星・海王星・冥王星が発見され、占星学のなかに組み込まれました。

次頁の表では二つの守護星を持つ星座がありますが、（　）は天王星発見前の7つの天体の時代に当てはめられていたもので、天王星発見後も「副守護星」として取り入れられています。

◉12星座と10天体(惑星)

12星座	守護星:天体(惑星)	守護星が表すもの
牡羊座	火 星	勇気・情熱・開拓・意志と行動の傾向
牡牛座	金 星	愛・美・嗜好・楽しみ方
双子座	水 星	知性の働かせ方・コミュニケーション能力
蟹　座	月	感受性・潜在意識・感情の反応パターン
獅子座	太 陽	活力・強固な意思・自我・基本的な性格
乙女座	水 星	知性の働かせ方・コミュニケーション能力
天秤座	金 星	愛・美・嗜好・楽しみ方
蠍　座	冥王星	死と再生・洞察力・秘密
	(火星)	勇気・情熱・開拓・意志と行動の傾向
射手座	木 星	発展・拡大・幸せ・成功
山羊座	土 星	制限・忍耐・勤勉
水瓶座	天王星	自由と改革・独創性
	(土星)	制限・忍耐・勤勉
魚　座	海王星	直感力・奉仕
	(木星)	発展・拡大・幸せ・成功

そのため、蠍座・水瓶座・魚座が、二つの守護星を持っているわけです。

守護星のそれぞれの特徴は、前頁の表のように12星座に強く影響します。

たとえば山羊座は、土星の持つ「制限」「忍耐」「勤勉」というパワーを発揮しやすい星座となります。

真面目で努力を惜しまない性質は、土星の影響を受けている証です。

自分の目標に向かって、弱音を吐くことなく、また途中であきらめることもなく、一生懸命に進んでいきます。そうして目標を確実に達成することができるのが、山羊座の山羊座らしさだといえます。

2

Basic Style

山羊座男子の基本

山羊座男子の特徴

時間を上手に使い、仲間を率《ひき》いて組織を構築していく

ではいよいよ、山羊座男子の性格の特徴を調べていきましょう。

西洋占星学では、春分の日（3月21日頃）を1年の始まりの日としています。

春分の日から始まる12星座のなかで、山羊座は牡羊座から数えて10番目の星座です。

西洋占星学では牡羊座から始まり、6番目の乙女座までの星座を自己成長の星座とし、7番目の天秤座から魚座までの星座は社会性での成長を表します。

乙女座で一人の人間として完成した後、社会のなかで他者との関わりを持つことでさらに成長をしていくのです。

天秤座で他者との関わりが始まり、蠍座で融合、射手座で視野を広げ、その後現実の社会で生きるというのが山羊座の位置になります。

自己の成長を完成させた次のステップとして、人や社会との関わりを持ちながら、自分の夢を現実のものにしていきます。

山羊座の守護星の「土星」は、ギリシャ神話では「クロノス」という「時」を司《つかさど》る神とされています。

「時間」は、それこそ私たち一人ひとりに与えられているものですが、ふだん、そのことを強く意識している人は少ないのではないでしょうか。現代人は忙しく、「時間がない」ということはしょっちゅう口にしながら、「なんとなく」、あるいは「あっという間に」、その時間を過ごしてしまいがちです。

一日は24時間。誰にも平等に与えられていますが、どのように過ごすかは自由なのです。ぼんやりと過ごすのも、好きなことを追いかけるのも、それぞれの使い方です。そして、その過ぎた時間の結果が、いまの現実となって目の前にあります。

山羊座は、時間を使うのが上手な星座だといえます。合理的で無駄なことは省《はぶ》き、必要なことは徹底的にやり遂げることができるのです。いまやるべきことと、そうでないことを見極めて、一定の範囲のなかを整理して構築していきます。

必要だと思ったことは積極的に学び、途中であきらめるようなことは決してありません。結果、計画した通りの到達点まで、必ず行き着くことができるのです。

それがたとえ、夢のような「とんでもない目標」でも、コツコツと積み上げて達成してしまうのが、山羊座ならではの特徴です。

目標を達成するには、一人ではできないこともあります。その目標が高ければ高いほど、協力者の存在がものを言います。

山羊座は、そんな協力者の力を借りることも得意です。そうした人たちを率いて、組織としてまとめ上げていきます。そこに秩序があり、山羊座がつくる社会や組織は、それによって保たれます。

土星は天体（惑星）のなかでも唯一、輪のある天体（惑星）です。

その輪は大小さまざまな粒子や物質から形成され、集団となり、土星の輪をつくります。山羊座はその土星の輪のように、ある一定の集団や枠組みというものをつくり、整えることができるのです。また、そこに秩序を与え、構築していく力があるのです。

山羊座男子には、それだけの知恵と行動力が備わっています。

そんな彼は、人生のパートナーとしても理想的な「デキる男」です。いまは、そうとは見えなくても、将来有望な山羊座男子の「基本」を押さえておきましょう。

【山羊座男子の基本】
守　護　星：土星
幸運の色：ブラウン・ベージュ・黒
幸運の数：8
幸運の日：8日・17日・26日
幸運の石：ターコイズ・黒サファイア
身体の部位：膝、関節、骨、皮膚
そ　の　他：土曜日・クラシック・アンティーク

【山羊座男子の資質チェックシート】

□　無駄なことはしたくない
□　地味だとよく言われる
□　礼儀は大事だ
□　努力や我慢は必要だと思う
□　目標は達成するもの
□　派手なものや場所は苦手
□　変化はないほうが嬉しいかも
□　一人でも大丈夫
□　野望がある
□　無責任な人が許せない

資質チェックシートで3つ以上「✓」があれば「山羊座」の典型男子といえます。「彼にはまったく当てはまらない」という場合には、彼には「太陽星座」以外の惑星の影響が強く出ている可能性があります。

前にホロスコープについて書きましたが、人が生まれたときの星の位置によって、それぞれの性格や資質といったものの傾向を見ていくのが西洋占星学の基本です。

彼が「山羊座」だというのは、太陽星座が山羊座だということですが、それは、生まれたときに太陽が山羊座の位置にあったということです。

そして、その人の性質の傾向は太陽星座に大きく影響されますが、人はそう単純ではありません。

同じ日、同じ時間に生まれた双子でさえ、その性質には違いがあります。それはもちろん西洋占星学だけでは説明のつかないこともありますが、その人の詳細なホロスコープを見れば、その違いがわかります。

同じ山羊座でも、みんなが同じということはありません。

たとえば前でも紹介した月星座を見ることでも、また別の分類ができます。人によっては、あるいは同じ人でも、つき合う相手との関係においては、太陽星座よりも月星座の性質が強く出ることがあります。

また、「資質チェックシート」で彼に当てはまるものが少なかった場合に考えられるのは、彼があなたに本当の姿を見せていないということです。

どんなことにも努力を惜しまず目標を達成していく彼ですが、本人のなかでは、いまの生活に満足していない場合もあります。そんな彼の本音を探り、理解していくことが、彼との関係を縮める一歩になるはずです。

山羊座男子の性格

責任感が強く、上昇志向が強い！

あなたは自分の性格を、どんなふうにとらえているでしょうか。

性格というものは親からの遺伝によるところも大きいでしょうが、親とはまったく似ていないという人も大勢います。

ではその性格はどうやって形づくられるのかといえば、それは生まれたときの宇宙の環境、つまり星の位置によって決まるといっても過言ではありません。

12星座にはそれぞれ性格の特徴があります。それぞれに、よい面もあれば、悪い面もあります。

山羊座男子にも次にあげるような長所、短所があります。

［長所］　　　　　　　［短所］
律儀《りちぎ》　　　　←→　融通がきかない
伝統を重んじる　←→　古臭い・保守的
責任感が強い　　←→　他人にも厳しい
現実的・合理的　←→　冷たい・結果重視
上昇志向がある　←→　野心家

長所と短所は背中合わせで、よいところであっても、それが過剰に表れれば、短所として他の人には映ります。

山羊座は、礼儀や伝統を大切にする星座です。また自分の発言や行動に、最後まで責任を持つことはあたりまえと考えています。

これは守護星の土星の持つ特徴である「秩序」が深く関係しています。

物事を行うときの正しい順序や筋道のことを「秩序」と言いますが、山羊座が何か事を起こすときには、自分なりの道筋をつくっていきます。傍から見れば、少し堅苦しい感じがするかもしれませんが、その道筋を通すことが、いちばんの近道であり、確かな方法だと信じているのです。

伝統や、人としての義理や礼儀といったものに重きを置き、それを軽んじるような態度は理解できません。また、何事にも真面目に取り組み、自分の言葉にも行動にも最後まで責任を持つことができる。山羊座男子は、約束を守る人です。

上下関係にも厳しく、年齢や役職・ポジションという枠をつけ、線引きをしてコミュニケーションをとります。

「線引きしている」というと、人を差別したり、偏見を持つ人だと思うかもしれませんが、そうではありません。

山羊座は、人に対してキチンと接することは礼儀であり、正しいことだと考えます。誰に対しても失礼のないようにするための手段として枠組みをつくるのです。そうすることで、山羊座は物事を正しく判断することができます。

山羊座なりの最善の方法で、お互いの関係を維持しようとしているのです。

そのように、自分が義理や伝統を重視するため、他の人も同じような態度を求めてしまうことがあります。

近頃は、「常識」という共通の価値観や考え方も変化し、自由なことをよしとする風潮があります。「挨拶なんてなくてもいい」「やることさえやればいい」と考える人もいて、そういう人たちからすると、山羊座の考えは、「古くさくて保守的な人」というふうに思われてしまうこともあるでしょう。また、どんなことでもあきらめない、というところが、「自分に厳しすぎる」と考える人もいるかもしれません。

でも、そういう山羊座男子だからこそ、夢を現実にできるのです。


ここで山羊座を説明するのに無視できない、12星座の分類について二つの考え方をお話しします。

まず12星座は、「男性星座」と「女性星座」に分けることができます。

その分類は次の通りです。

【男性星座】……牡羊座・双子座・獅子座・天秤座・射手座・水瓶座
【女性星座】……牡牛座・蟹　座・乙女座・蠍　座・山羊座・魚　座

山羊座は「女性星座」に分類されますが、女性星座だから女らしいということではありません。中国には、森羅万象、宇宙のありとあらゆる事物は「陰」「陽」の二つのカテゴリに分類するという思想がありますが、それに当てはめるなら、「男性星座」は「陽」、「女性星座」は「陰」になります。
男性星座は外に向かう意識であり、女性星座は内に向かう意識です。つまり、山羊座の意識は、外よりも、内に向かう傾向がある、ということです。

もう一つは、行動パターンによる分類方法です。

それは、次の「活動宮」「固定宮」「柔軟宮」の3つに分かれます。

【活動宮】……牡羊座・蟹　座・天秤座・山羊座
【固定宮】……牡牛座・獅子座・蠍　座・水瓶座
【柔軟宮】……双子座・乙女座・射手座・魚　座

活動宮は、スタートさせる積極的な力を持ち、意欲的に行動します。
固定宮は、エネルギーを貯蓄し、持久力と維持力があります。
柔軟宮は、やわらかい性質で、変化に対応できる力があります。

この分類から、山羊座は「活動宮」であることがわかります。つまり、積極的に活動する星座だということです。
また、同じ「女性星座」で「活動宮」でも、山羊座は現実的なものを重視するのに対して、蟹座は感情や人の心を重視するという違いがあります。

山羊座男子は、普段はおとなしく真面目な雰囲気ですが、必要なことと判断するとすぐに行動に移します。上昇志向があり、合理的な山羊座男子は、自分の目標や夢のためとなったら、普段は見せない勢いでエネルギーを出すことができます。

そんな彼のことを「野心家」と思っている人もいるでしょう。実際、それだけの結果や成果を出していくので、自己顕示《けんじ》欲が強い印象を持たれているかもしれません。

けれども、短所と長所は背中合わせです。絶好のタイミングと思ったら、そのチャンスをつかんで行動できるからこそ、したいことを成し遂げ、なりたい自分に近づいていくことができるのです。

山羊座だけでなく、「活動宮」の人に、じっとしていろというほうが無理な話です。逆に「固定宮」の人に、動けと言っても、なかなかうまくいかないものです。

どれがいい悪いではなく、それぞれに、それぞれの傾向があります。その本質を知ることで、彼の言動の意味が理解できるかもしれません。

神話のなかの山羊座

たとえ周囲に笑われても自分の道を進む強さ

夜空に広がる星たちは、さまざまな星座を形づくっています。あるときは勇者であったり、あるときは動物や鳥などの生き物、または日常で使う道具となって語り継がれ、その多くは神話として残されています。

夜も暗くならない都会や、空気の悪い場所では、とても明るい光を放つ星以外、星座という形で見る機会は、少なくなってきました。

それでも、そうして神話が語り継がれてきたからこそ、私たちは星座の一つひとつを知り、その教訓を星の教えとして学ぶことができます。

山羊座は、ギリシャ神話では森や牧畜の神とされるパーンの姿とされます。

牧神パーンは、もともと上半身は人で、下半身が山羊の姿をしていました。

ところが、怪物テューポーンに襲われた際、あまりにもあわててしまったために、上半身が山羊で、下半身が魚の姿になって逃げたというエピソードが残されています。この姿を神々が面白がって、空の星座としたという伝説があります。ちなみに、このとき一緒に襲われた愛と美の女神アフロディーテとその子エロースは、2匹の魚となって川へ逃げました。その姿が魚座になったとされています。

神話の多くが、神々の勇姿を讃《たた》えるものが多いなか、「神々が面白がった」という話で終わる山羊座のエピソードは、「ちょっとひどい」という気もしますが、それこそが山羊座の信念の強さを表します。たとえ周囲の人たちに笑われようとも、自分を守り、信じた道を進む心の強さがあるのです。

山羊は決して強い動物ではありません。牧場や草原で、穏《おだ》やかで、のんびりしている姿を想像する人が多いのではないでしょうか。

でも、野生の山羊には、そんなイメージとは真逆と言ってもいいほど、断崖絶壁《だんがいぜっぺき》の山やバランスの悪い木の上までも登る俊敏さと逞《たくま》しさがあります。

これは、目標を決めたら、どんなに足場の悪いような状況でも、着実に無駄なく、そこにたどり着く山羊座の才能そのものです。

また胃袋が4つもあり、消化されにくい食べ物でも、栄養として体内にしっかりと吸収していくことができます。

これも、知識や経験を反芻《はんすう》しながら自分のものとしていく山羊座の特徴が表れています。

山羊座の神話には、強い信念をもって困難を乗り越えていく山羊座のベースが示唆《しさ》されているわけです。

山羊座男子のキーワード

「I use」(私は使う)「I endure」(耐える)

星座にはそれぞれ、キーワードがあります。

山羊座には、「I use」(私は使う)と「I endure」(耐える)という二つのキーワードがあります。

「I use」(私は使う)というのは、自分の才能や力を使って目標を達成したいという意味があります。他にも時間や道具、方法など使うものは多くあります。

また「I endure」(耐える)は、言葉の通り「辛抱強く耐え、我慢できる」という意味があります。

山羊座は、自分の目標のためには努力を惜しみません。むしろ努力と忍耐は、目標達成のために必要不可欠なことと考えています。

そのため、時間を大切に使い、知恵をしぼり、自分の肉体を使って生きていこうとします。

ズルをしたり、「手抜き」や「近道」をするという言葉は、山羊座の辞書にはありません。そんなことは「絶対にしてはいけないこと」で、うまくいくものもいかなくなると自分を戒《いまし》めています。

そうして、日ごろの努力を積み重ね、必ず成果につなげていきます。

かといって、自分の努力を人に見せたりすることはありません。人によっては、彼には野心など、まったくないように思っている人もいます。けれども、前でお話しした通り、「野心がいっぱいの人」と思っている人もいて、その本質は、後者に軍配が上がります。

山羊座ほど高みを目指し、それを実際に叶える才能を持っている星座はいません。

ところで、「辛抱強く」というと、そのスピードは、遅いような印象を持つかもしれませんが、そうとはかぎりません。山羊座は、無駄が嫌いです。できるだけ合理的に物事を進めようとします。努力は惜しみませんが、いったん頂上が見えると、一気に駆け上がる行動力と力強さを持ち合わせているのです。

山羊座の守護星は、秩序を重んじ、厳格な星とされる「土星」です。現実的で、堅実なものを追求する姿勢は、12星座のなかで群を抜いています。

本書のタイトルは、『12星座で「いちばん夢を現実化する」山羊座男子の取扱説明書』としています。

「夢」を見ることは誰でもできます。ですが、その「夢」を、現実に、ビジネスとして成り立たせていくのは、とても難しいことです。

それができるのが、山羊座の生まれながらの才能です。

つまり、お金を稼ぐということも、山羊座は決して不得意ではありません。

次の章では、そんな山羊座男子の将来について見ていきましょう。

3

Future Success

山羊座男子の将来性

山羊座男子の基本的能力

地道な努力で、最後は勝利をおさめる

忍耐強く、生真面目な山羊座男子。

何事にも慎重で、合理的な思考を持っています。

そんな言葉を並べると、余計なことは言わず、地味で冷たいイメージですが、実際の山羊座男子は明るく、行動的な人が多いのです。

神話で出てくる牧神パーンは、「すべての神々を喜ばす」という意味から名づけられたといわれています。その奇妙な姿が神々の笑いを誘ったというものですが、そのイメージは、決して暗くはありません。

そして前でもお話しした通り、どんなに笑われても、にこやかに、しっかりと自分の目標や将来設計を考えています。

高みをめざす山羊座男子は、仕事やポジション、収入、報酬など、より確実に上げていくことができるよう、日々行動し、努力していきます。

「仕事は楽しければいい」「収入は生活できればいい」というのは、山羊座のポリシーに反するものです。

「ポリシー」とは、物事を行うときの方針や原則のことですが、山羊座男子のポリシーの大前提にあるのは、「堅実である」ということです。

たとえば、生活するにはお金が必要で、それをどのようにして稼ぐかを考えるのです。

将来、起業しようと決めたら、そのための勉強を、いますぐ始めます。だからといって、無闇に時間やお金を費やすわけではありません。

何が必要か、それにかかる時間やお金は妥当か、ということを考えてから、行動に移したり、あえて行動しないこともあります。

それだけシビアに、物事を進めていきます。

たとえば、「みんなが塾へ行くから自分も行く」ということはしません。そこで自分がどれだけの成果を得られるかを考えて、塾に行くかどうかを決めます。

それによって友達から浮いてしまうことがあっても、その孤独に耐えられる強さがあるわけです。

イソップ寓話の「ウサギとカメ」で、カメは進むスピードが遅いけれど、一生懸命努力して、最後は勝利をおさめます。

山羊座もこのカメのように、地道に自分のペースで進み、最後に勝利をおさめるタイプです。

このカメと少し違うところは、目的までの道のりやその過程の段取りを考えることができるというところでしょうか。

彼は、たとえ孤独になっても、信じた道を進める人です。

そんな彼を、そっとそばで支えることで、あなたも、成功や夢を確実なものとしていくことができるでしょう。

【山羊座男子のスペック】

行動力：★★★☆☆（3つ星）目標が決まると行動する
体　力：★★☆☆☆（2つ星）忍耐力があるため無理をしがち
情　熱：★★★☆☆（3つ星）成功に向かってあきらめない
協調性：★★☆☆☆（2つ星）孤独でも耐えられる
堅実さ：★★★★★（5つ星）誰よりも真面目
知　性：★★★★☆（4つ星）徹底的に無駄を省く
感受性：★★☆☆☆（2つ星）頭で考えがち

総合的な将来性：★★★☆☆（3つ星）

山羊座男子の適職

好きなことをビジネスとして成功できる

自分の目標のためなら、どんな苦難にも負けない山羊座男子は、どのような分野でも力を発揮していきます。その仕事を覚えるまでには、どの職業、どのジャンルでも、努力が必要です。山羊座男子も、もちろんその例外ではありません。

仕事だけでなく、趣味などでも、技術やスキルを磨くには、それなりの時間がかかるものです。なかなかうまくいかないときには、途中で投げ出したり、あきらめたりしてしまうでしょう。

けれども、山羊座男子は、そんなときにも、あきらめたりしません。時間がかかっても、それを習得するために頑張ります。だからこそ、山羊座男子は、自分の決めた目標や到達点まで、必ずたどり着くことができるのです。

会社勤めであれば、ポジションや収入を上げていくために、結果を出せるよう、また成績を上げられるよう、仕事をこなしていきます。

自分で起業したり、芸術関係の職業についたりした場合には、それこそ、その世界で成功できる道を模索していきます。

山羊座はつねに、その世界のトップを狙《ねら》っていくのです。

「時間をかけて努力すれば、自然と結果がついてくる」というようには考えていません。「結果を出すためには、どのような努力と時間の使い方をすればいいか」を考え、行動できるのが、山羊座男子です。

具体的な職業としては、真面目な山羊座は、公務員など安定した職業が、しっくり来るかもしれません。専門職や資格を必要とする職業なども、ぴったりでしょう。

では、組織のなかでしか活躍できないかというと、そうではありません。

山羊座は独立して起業することでも、才能を発揮できます。人を頼らず、独立独歩で会社経営できるのです。

また茶道や伝統芸能など、古くから伝わるものに関係する職業にも向いています。宗教的なもの、神秘的なものを現実的に表現したり伝えたりすることもできます。一般にはビジネスとして成り立ちにくいと思われるものでも、ビジネスとして成功させることができます。

礼儀正しい山羊座は、何をしても品格が損なわれることはありません。着実に、そして確実に、自分の目標達成のための仕事ができるのが山羊座なのです。

【山羊座男子が向いている職業】

弁護士、検事、法律関係、公務員、銀行家、宗教家、占い師、音楽家、伝統芸能、不動産関係、経営者、投資家、アンティークを扱う職業、学芸員

【山羊座男子の有名人】

竹野内豊、小堺一機、北野武、相葉雅紀、小栗旬、山口達也、松本幸四郎、福沢諭吉、三島由紀夫、ジム・キャリー、宮﨑駿、テリー伊藤

山羊座男子の働き方

努力して実力をつけ、周囲をリードしていく

山羊座男子は、とても働き者です。

山羊は昔から家畜として飼育されてきましたが、その時代は新石器時代に遡《さかのぼ》るといわれています。

山岳部や乾燥地帯など、厳しい環境にもよく耐え、繁殖力も強く、乳用や肉用、毛用など、いまの時代に至るまで、人間にとって、それこそ大切な役割を果たしてくれています。山羊座男子の働き方には、そんな山羊の特性が活かされます。

また、山羊は高いところが好きで、断崖絶壁のような場所でも駆け上ることができますが、それを象徴するように、山羊座男子も高みをめざしていきます。

山羊座男子が高みを目指すのは、「威張りたい」とか「人より優位に立ちたい」とい

うのとは、少し違うようです。

その頂上に立ったときに、これまでの自分の努力を振り返り、見下ろすことに満足するのです。

ただ頂上に立てばいいというわけではありません。そこに至るまでのルートは、できるだけ最短になるように、工夫していきます。

たとえ目標地点に到達することができても、時間がかかりすぎては意味がないと、山羊座男子は考えます。

かといって、いくら最短でも、危険性の高いものや不確実なルートは選択しません。

「安全で最短」ということが、山羊座にとってはとても重要なことなのです。

その働き方も、慎重でかつ効率よく進めようとします。

たとえば、営業の仕事であれば、売上を伸ばすための方法や手段を考えて、それを実践していきます。

「今日はここまで売り上げる」「明日はここまで売り上げる」というように、計画を立てて、着実に売上を伸ばしていくのです。

「うまく計画を立てられない」という人は多いですが、山羊座男子は例外です。緻密で手堅い計画を立て、コンスタントに遂行していくことができます。

地味な作業を進めていくのは大変ですが、それを一つひとつ、ちゃんとやり遂げていきます。

山羊座男子は、職場ではとても頼れる存在です。

難しいと思えるような目標やプロジェクトにも、果敢に挑戦して、実績として積み上げていきます。

そんな彼がいることで、周囲も安心して、その仕事を任せたり、一緒に頑張っていくことができます。

いつのまにか、彼のリードで仕事が進んでいることも多そうです。

山羊座のリーダーシップは、自分からアピールするわけではないのに、その努力と実力を周囲が認めて、発揮されていきます。

山羊座男子の金運

投資はしても、ギャンブルはしない

慎重な山羊座男子は、用心深く、一攫千金《いっかくせんきん》を狙うようなことはしません。

仕事を進めるときなど、つねに安全性を重視する彼は、お金に関しても、その姿勢を崩すことはないのです。むしろ、お金のことになったら余計に、その傾向は強まるといってもいいでしょう。

収入が多くても少なくても、一定の額をきちんと積み立て、貯金していきます。

お金を貯めるには、貯金することの前に、まずは「収入以上の支出をしないこと」が大切ですが、山羊座男子の特徴に、「無駄なことには絶対にお金をかけたくない」というのがあります。

それはケチとは違います。必要だと思うことには、お金を出し惜しみすることはありません。

山羊座男子にとって、「これは必要か、そうでないか」ということが、大きな基準になっています。

そのため、遊びや流行には、少し興味が薄いところもあります。

仕事や自分の目標のために必要であると考えれば、遊びや流行を取り入れることもやぶさかではありませんが、いつも出費の延長線上には、自分の目標があるのです。

山羊座の適職には「投資家」をあげていますが、自分の将来や、時代の行く末を見極めるセンスがあるということです。

ここで間違えやすいのが、「投資」と「ギャンブル」の違いです。

山羊座男子は、投資には向いていますが、ギャンブルには向いていません。

投資は知識や情報を得ることで、それを成功させることができますが、不確実なギャンブルは、「安全性」を重視する山羊座のルールに反しています。

12星座には、それぞれ、さまざまな特性がありますが、その特性に合うやり方、合わないやり方があります。合わない方法ではうまくいかない、というのが、12星座の面白いところです。

山羊座は、星の特性で見れば、投資には向いていますが、それをギャンブル感覚で行えば、思うような結果は出ないでしょう。

厳しい試練にも乗り越えていける山羊座男子ですが、そうした試練をクリアしていくことで、金運はアップしていきます。

人生にはつらい時期もありますが、そんなときこそ、脇目も振らずに自分のやるべきことをやる山羊座男子の「資産」は増えていきます。それはすぐにお金に換えられなくても、近いうちに、現実の資産となって蓄えられていくでしょう。

夢や目標を誠実に追いかけていくことが、金運につながります。

右肩上がりどころか、現状維持すらも難しそうな不安定な日本経済において、堅実な金銭感覚は大切です。それが、お金に失敗しない人生を築き上げてきます。

山羊座男子の健康

膝、関節、骨、皮膚、冷え性に関する病気に注意

太陽の位置や月の満ち欠けという星たちの動きは、自然界だけでなく、人の身体にも大きな影響を与えています。

たとえば、太陽の光が輝く昼間は活発に動き、夜になると眠くなるという日常の身体の現象をはじめ、女性の生理周期は月の周期とほぼ同じです。また、満月の夜にいっせいに産卵するウミガメや珊瑚《さんご》の例もあります。人間でも満月の夜に性交する男女が多いことを、以前、英国の軍隊が確認したというレポートもあるほどです。

医学の父と呼ばれるヒポクラテスも占星学を研究し、実際医療に活用していました。これを占星医学といいますが、12星座の身体の部位の関係は否定できません。

［星座］　［身体の部位と、かかりやすい病気］

牡羊座――頭部、顔面、脳
牡牛座――耳鼻咽喉《じびいんこう》、食道、あご、首
双子座――手、腕、肩、肺、神経系、呼吸器系
蟹　座――胸、胃、子宮、膵《すい》臓、食道、消化器系、婦人科系
獅子座――心臓、目、脊髄、循環器系
乙女座――腹部、腸、脾《ひ》臓、神経性の病気、肝臓
天秤座――腰、腎臓
蠍　座――性器、泌尿器、腎臓、鼻、遺伝性の病気
射手座――大腿部、坐骨、肝臓
山羊座――膝、関節、骨、皮膚、冷え性
水瓶座――すね、くるぶし、血液、血管、循環器系、目
魚　座――足（くるぶしから下）、神経系

前頁の一覧を見ると、山羊座は「膝、関節、骨、皮膚」となっていて、その部位の病気にかかりやすいのです。

ここで重要な点は、健康問題が起きやすいというのは、その部位をしっかり使っているということです。

山羊座の注意すべき部位に「膝、関節、骨、皮膚」ですが、すべて身体の骨格から原因となっている部位です。

山羊座の人は、骨太といわれるタイプが多いといわれますが、ギリシャ神話で山羊座になったとされるパーンには無駄な肉や脂肪がついていません。動物の山羊も骨格がしっかりしています。山羊は、その生活においては身体を支える骨が大活躍することになります。

余分な肉が少ないということは、その分ダイレクトに骨に負担がかかっていくのです。骨は身体を支えていることはもちろんのこと、体内の臓器を守ったり、血液をつくりだしたりしている大事な部位です。

その骨に負担がかかると、関節や膝などの節々にも影響が出やすくなります。関節リウマチや神経痛などとなって症状が表れることがあるので注意しましょう。

骨にかぎらず、からだの痛みというのは本当につらいものですが、そんなときにも、山羊座は我慢強さを発揮します。

他の人なら、とっくの昔に痛みを訴えているような状態でも、「まだ大丈夫」と耐えて、状態を悪化させてしまうこともあります。

その意味で、山羊座は、無理をしてしまう人が多いのです。

責任感が強いために、からだにムチ打っても、仕事や目の前のことに取り組んでしまうところがあります。自然と、ハードワークになって、長時間のストレスにさらされ、からだが悲鳴をあげるまで頑張ります。

そうして、知らずしらずに溜まったストレスは、からだの免疫力を低下させ、風邪をひきやすくなったり、皮膚に症状が表れたりします。免疫力の低下は、大きな病気を引き起こすもとにもなりますから、過信は禁物です。

山羊座が注意しなければならないものに「冷え性」があります。

冷え性というと女性の専売特許のように思われるかもしれませんが、もちろん男性にも、冷え性の人はいます。

もともと冷え性は、体内で熱をつくれないのが原因ですが、熱をつくるのは筋肉です。女性に冷え性が多いのは、男性よりも筋肉が少ないからです。

男性でも、筋肉の減少によって、冷え性は起こります。

「仕事が忙しくて運動できない」「糖質ばかりを摂りすぎてしまう」という場合には、筋肉が落ちてしまいます。それで、気づいたら「冷え性になっていた」ということになるわけです。

山羊座男子を冷え性から守るには、筋肉をつけることが大切です。それによって、骨を守ることにもなります。

仕事に隠《こも》りきりになりがちな彼には、意識して、運動してもらうように促《うなが》していきましょう。

山羊座男子の老後

人生設計の通りの生活を楽しむ

しっかり者の山羊座は考え方や行動が成熟しており、精神年齢はつねに同年代よりも高い傾向にあります。そのため、若い頃から実年齢よりも年上に見られる人が多いかもしれません。

それは、容姿が老けているというより、年齢よりも落ち着いているために、そう見えるということです。

しっかりした考えの人には、人は無意識に尊敬するものです。そして、尊敬する人は、自分よりも上に思います。だから、年上に見られるのです。

周囲の人が、実直な山羊座男子に持つ印象が、正にそれだというわけです。

そういう山羊座男子の老後は、病気やケガなどで寝たきりにならないかぎり、毎日を計画した通りに過ごしているでしょう。

仕事を続ける人も多いかもしれませんが、たとえ引退しても、手帳やカレンダーに、予定を書き込み、それが問題なく遂行《すいこう》できるように段取ります。

山羊座男子の老後の計画は、若い頃から立てています。

「60代になったら○○する」「70代になったら○○する」というものから、もっと細かく、「60歳になったら○○する」「62歳になったら○○する」というように決めています。それはビジネスのことかもしれないし、趣味のことかもしれません。地域活動を始めるという人もいるでしょう。

いずれにしても、それができるだけの経済状態、自分の健康、知識、スキルを、ぬかりなく整えています。

山羊座男子は責任感があり、有言実行ができます。そのため、家族や若い人たちにも、自分と同じようにすることを期待してしまうかもしれません。

そして、

「言ったことは最後までやり通す」

「時間や約束は絶対破ってはいけない」

「礼儀はきちんとしなさい」

ということを口にしますが、それが煙《けむ》たがれてしまうこともあります。

もちろん、山羊座の言うことは正しいのです。正しいからこそ、反発されることもあります。それが行きすぎて、計画にない「一人の老後」にならないように、気をつけたいものです。

それだけを気をつけたら、山羊座の老後は安泰です。そんな安泰な老後のために、それまでを頑張ってきたといっても過言ではありません。

経済的にも恵まれ、自分の計画した通りの生活を実現できるのが、山羊座男子です。

そのパートナーとなったあなたにも、彼との不安のない、落ち着いた老後が待っています。

4 Love

山羊座男子の恋愛

山羊座男子が惹かれるタイプ

質のよいものが似合う、聡明な女性が好み

自分の将来設計がきちんとしている、もしくはきちんとしたいと考えている山羊座男子の好みは、「未来の自分にふさわしい女性」となります。

恋をする前から、結婚や家庭という将来のことも視野に入れて相手を見ます。たとえば、「自分が将来、社長になったときにそばで支えてくれる女性かもしれない」とイメージして、それにふさわしいと思う女性を選びます。

山羊座男子に対して、「そんなに出世するのかなあ」と思う人もいるかもしれません。若い頃の山羊座男子は、「いかにも成功するタイプ」というふうには見えないかもしれません。でも、彼には野心もあり、その将来は有望です。自分なりのペースで着実に人生を歩んでいます。

彼の「未来の自分にふさわしい女性」になるには、いまから、「社会的ステータスを上げ、人としての成長した彼」を想像し、彼と同じように成長していくことです。

それには、彼のことを理解し、「夢や目標を応援して、支える女性」であることが大前提になります。

山羊座男子は、明るい女性が好きです。そんな女性が、失敗したり、悩んだりしたときに、彼はあなたを励ましたり、応援したりしてくれるでしょう。

そんなときには、あなたも甘えることで、彼との距離は縮まっていきます。

「甘える」のは、「依存する」とは違います。仕事などの仕方を教えてもらったり、アドバイスを求めるのです。

では、容姿についてはどうでしょう。山羊座男子は、あまり容姿に重点はおきませんが、品がよくＴＰＯに合わせたファッションに好感を持ちます。

派手なタイプ、華やかなタイプというより、質のよいものが似合う、聡明な女性に惹かれます。

また山羊座男子自身が、節制できる性格です。だらしない生活態度の結果の清潔感のなさ、太りすぎも、彼にはＮＧです。

礼儀や義理を尊重する彼は、挨拶ができる礼儀正しい女性にも好感を持ちます。

「ひとめぼれした」ということは、あまりありません。山羊座男子は、慎重で、用心深いのです。第一印象がよかったくらいでは、恋に落ちたりはしないのです。

逆にいえば、万一、最初の印象が悪くても、機会を重ねることで、挽回することもできます。

いつもどこかで自分に厳しいところを持つ山羊座男子です。

「この女性といると安心できる」というふうに彼が思うようになったら、彼の気持ちは決まっています。

山羊座男子の告白

「この人」と決めたら、何度もアタックする

慎重で奥手な山羊座男子が告白するまでには、時間がかかります。

仕事はもちろん、それ以外のことでも、慎重な行動をする山羊座男子なのです、恋愛においても、失敗は絶対に避けようとします。

そのため好きな女性に出会っても、すぐには行動に移しません。

少しずつ彼女との距離を縮めていきます。相手が自分のことを、「どういうふうに思っているか」を知りたいのです。

たとえば、身近な友人に話を聞いたり、友人に頼んで、好きな女性の好みを聞きだしたりします。そうして、「自分に好意がある」と確信したときに、やっと告白、となるわけです。

ただし、告白して、もしも断られたとしても、すぐにはあきらめません。

自分のなかで「彼女を愛している」と確信して、「彼女こそ運命の人だ」と思ったら、彼は、何度もあなたにアタックしてくるでしょう。アタックしなくても、そばで見守っていたり、サポートしてくれたりするはずです。

それだけ、彼にとって、好きになった女性は、「特別な人」です。

責任感が強い彼は、「特別な女性であるあなたのことを守りたい」というスイッチが入ると、そのスイッチが切れることはありません。

たとえ彼女に振り向いてもらえなかったとしても、「この愛を全うする」というほど、強い思いがあります。

つまり、彼の告白には「覚悟がある」のです。

その覚悟ができていないうちは、あなたから告白してもうまくいきません。

たとえ内心は「いいな」と思っていても、覚悟ができていなかったら、彼には、「断る」以外の選択はないのです。

山羊座男子は、恋愛に関しては消極的です。

好きという感情より、用心深さのほうが前に出てしまうのです。

「本当にこの人でいいか」ということを、何度も自分に聞いて、答えを出します。

だから、彼のことを好きになったら、彼のペースに合わせてあげることを心がけることが大切です。

確実に進みたい彼のペースを尊重し、焦らず、彼からの告白を待ちましょう。

責任感の強い彼の告白は、一生モノの約束につながります。

山羊座男子のケンカの原因

彼とより深く結ばれる仲直りのコツ

山羊座男子の彼は、滅多にケンカはしません。

もともと自制心があるので、理由もなく怒り出したり、感情をむき出しにしたりするようなことはないのです。

多少イラッとしたり、気に入らないことがあったりしても、自分の胸のなかにしまっておくことができる人なのです。

そんな山羊座男子のことを、あなたは、「何をしても怒らない人」「温厚で真面目な人」と思っているかもしれません。

実際に、彼はあなたに対して、「そうありたい」と思っているでしょう。

それが彼の優しさですが、そこに胡座《あぐら》をかいてしまうようでは、いつのまにか、彼の心は遠くにいっていたということにもなりかねません。

彼は、自分を抑えながら、相手に対して、「信頼できる人なのか」「誠実な人なのか」というところを見て、人としての評価を下してしまうところがあります。

彼が評価するのは、「信用できる人」です。挨拶や礼儀がきちんとしている人も信用します。

信用できる人なら、一緒にいてもよいけれど、そうでないなら、「相手にしない」のです。

「相手にしない」というのは、あからさまに無視したり、避けたりすることではありません。「信用しない人」に対しても、表面上は、節度をもって接します。

気に入らないからといって、怒ったりケンカをしたりしても、自分の将来にはプラスにならないし、無駄なエネルギーを使うだけだと考えています。

山羊座男子にとって、ケンカするよりも、相手にしないというほうが、賢い選択になるわけです。

「彼が冷たくなった」「相手にしてくれない」というときは、怒りが限界を超えたというサインです。

山羊座は、感情を表に出しません。よくも悪くも、自分の内で、それを納めてしまうところがあります。そのせいか感情的になった人を前にすると、自分にはない性分のために、どうしていいかわからなくなってしまいます。

自分の前で怒ったり、泣いたり、わがままな面を出したりする女性に対して、つき合い始めのときには、「かわいいな」と思っても、それが度重なってくると困惑してしまいます。しだいに自分の将来や夢の実現を、邪魔されるような気持ちになっていくでしょう。

それでも怒りを爆発させたりすることがないので、あなたは、そうした彼の気持ちの変化に気づけないかもしれません。

彼とつき合っていくなかで、日頃から彼が許せること、苦手だったり許せなかったりすることを知っておくようにしましょう。

厳格なところもある山羊座男子です。

冷たくなって、そのままフェードアウトしてしまわないように、自分に非があると思ったら、きちんと謝ることです。

そして、彼の嫌がることはしないようにする。彼の顔色を見ろというのではありません。大人としての振る舞いができる女性になることが、その解決策です。

そのためのあなたの努力を、彼は認めてくれるでしょう。

彼の離れかけた心を取り戻すことができるはずです。

山羊座男子の愛し方

ゆっくりと時間をかけて親密になっていく

山羊座男子とつき合っても、よそよそしく感じることがあります。

二人でいるのに堅苦しく、どこか遠慮がちな彼に、「本当に私のこと好きなのかしら？」と考えてしまうかもしれません。

慎重で生真面目な彼は、くだけたつき合いが苦手です。すぐにオープンな関係にはなりにくいのです。たとえ恋人であっても、それは変わりません。

好きな人であればあるだけ、ゆっくりと時間をかけて親密になっていきます。

山羊座男子にとって、時間とお金は貴重です。自分が好きでもない相手に、それを費やすことはありません。

つまり、一緒にいる時間をつくるということだけでも、彼の精一杯の愛情表現なのです。

彼は、あなたのために つくった時間を大切にしたいと考えています。

彼は生半可な気持ちで、女性とつき合うことはありません。つねに将来を考えて行動する山羊座男子にとって、つき合う相手はイコール将来の伴侶《はんりょ》です。

少しずつ警戒を解きながら、相手との距離を縮めていきます。

そうして、いったん心が開けば、彼は、他の人の前では出さない「弱い部分」も、あなたに見せるようになります。

山羊座のモチーフは、上半身が山羊で、下半身は魚です。山羊のスタミナと魚のしっとり感を持っているので、濃厚なセックスで愛を確かめ合います。

また、山羊座男子は礼儀を重んじる星座です。つき合っている間も、結婚してからも、身だしなみには注意しましょう。ラフな格好でもメイクはしたり、脱いだ服はきちんとたたむなど、彼の前ではだらしない格好はやめておきましょう。

山羊座男子の結婚

安心して、気持ちをゆるめられる場所をつくる

しっかりした将来設計を立てている山羊座男子は、つねに結婚を意識しています。まだパートナーが決まっていない頃からでも、「◯◯な家庭をつくりたい」というイメージを持っている人が多いでしょう。

夢実現のため、人生の高みに立つために、日頃から仕事や勉強に頑張っている山羊座には、気持ちがゆるめる場所が必要です。誰に気づかうことなく、安心して自分を出せる環境で落ち着きたい、という気持ちが彼にはあります。

その場所が、結婚であり家庭です。パートナーは、自分を理解し、ときどき甘えさせてくれる人です。

また、人生において成功をつかむ覚悟で生きている彼にとって、パートナーがいる

こと、家庭があることは、ステイタスであるという考えもあります。

だから、結婚することが、人生の目標の一つにもなっています。

そんな山羊座男子のパートナーは、長年連れ添った彼女や、友人のなかから選ばれることが多いでしょう。

万一、ひとめぼれしたというシチュエーションでも、家族や職業など、相手の背景がはっきりしたところから、時間をかけて近づいていきます。

また知り合いの紹介やお見合いなどで、信頼できる相手として認識されれば、長いつき合いでなくても、結婚を決めてしまうこともあります。

そうして結婚した山羊座男子は、家庭をしっかり守り、大切にします。

家族のために一生懸命働き、養う山羊座男子は、12星座一、安心できる旦那様となるでしょう。

ただし、少々厳しい旦那様であるかもしれません。

「家はいつも掃除して、きれいな状態にすること」

「貧乏くさいことはやめなさい」

というような決まりごとが多くなりそうです。

どんなに甘いロマンスも、結婚すれば「日常生活」になります。

デートや短期間の旅行であれば頑張れることも、毎日のことになれば、そうはいきません。子どもができれば尚のこと。少しずつ手抜きや気が緩んでしまうのは自然の摂理といってもいいかもしれません。

そこできちんとした生活を続けることは、案外大変なことです。山羊座男子の言うことは間違っていませんが、パートナーとしては、しんどいものがあります。

使ったものは元に戻す。余計なものは買わない。これを心がけるだけで、部屋が雑然とするのを防ぐことができます。また、ものを選ぶ目も肥えてきます。

少し気をつけるだけで毎日の生活が整い、心もすっきりと暮らすことができます。

整った上質な生活を心がけることが、山羊座男子との結婚生活を豊かに幸せに過ごせる鍵になります。

5

Compatibility

山羊座男子との相性

12星座の4つのグループ

火の星座、土の星座、風の星座、水の星座

12星座はそれぞれが持つ性質によって、4つの種類に分けられています。

（1）「火の星座」——牡羊座・獅子座・射手座
（2）「土の星座」——牡牛座・乙女座・山羊座
（3）「風の星座」——双子座・天秤座・水瓶座
（4）「水の星座」——蟹　座・蠍　座・魚　座

火の星座（牡羊座・獅子座・射手座）は、「火」のように熱い星たちです。特徴としては情熱的で、創造的なチャレンジをすることで元気になります。

土の星座（牡牛座・乙女座・山羊座）は、「土」のように手堅く、しっかり者です。現実的で慎重、忍耐力があり、感覚的な能力が発達しています。

風の星座（双子座・天秤座・水瓶座）は、「風」のように軽やかで、自由です。知識欲が旺盛で、社会的な物事を知的に理解する能力があります。

水の星座（蟹座・蠍座・魚座）は、「水」のようにしっとりしています。感情・情愛を基準に価値判断をします。自分だけでなく、相手の感情もとても重視します。

あなたの星座は、火、土、風、水の、どのグループに属しているでしょうか。

この4つの分類だけでも、山羊座との相性がわかります。

（1）「火の星座（牡羊座・獅子座・射手座）」と山羊座……ちょっと微妙

火と土の関係は打ち消し合うので、ちょっと微妙な関係です。

火は燃えていたいのに、土をかけられることで消えてしまいます。土も、火の熱で熱く燃やされることを嫌います。互いに不満を抱えてしまうでしょう。「牡羊座・獅子座・射手座」と「牡牛座・乙女座・山羊座」は、一緒にいても噛《か》み合わない、ということが起きがちです。

（2）「土の星座（牡牛座・乙女座・山羊座）」と山羊座……とてもよい

同じ土の性質同士なので、親しい関係になりやすいです。

一緒にいても違和感なく、出会ったばかりでも、すぐに親しくなれますが、同じ土の星座でも「牡牛座・乙女座・山羊座」はそれぞれ性格が違います。どの星座も堅実で努力型ですが、それだけに不満があっても自分の気持ちを抑えてしまうことがあります。お互いに、自分ばかりが我慢しているように思って、わかり合えるチャンスを逃してしまうかもしれません。けれども基本は似た者同士。「牡牛座・乙女座・山羊座」と「牡牛座・乙女座・山羊座」は居心地よくつき合っていくことができます。

（3）「風の星座（双子座・天秤座・水瓶座）」と山羊座……ちょっと微妙

風と土の関係も互いに打ち消し合うので、ちょっと微妙な関係です。

風は自由に軽やかに吹いていたいのに、土があることによって自由な動きができなくなります。土も、風が吹くことで砂埃《すなぼこり》となってしまうのを嫌います。互いにわかり合えないので、一緒にいても心がざわつき、違和感を抱えてしまうでしょう。「双子座・天秤座・水瓶座」と「牡牛座・乙女座・山羊座」は、一緒にいても居心地がちょっと悪いのです。

（4）「水の星座（蟹座・蠍座・魚座）」と山羊座……まあまあよい

水と土の関係は、協力できる組み合わせなので仲よしです。

水と土が一緒に組むと、強い絆が生まれます。水は土に栄養を運び、土が水を入れる器になるようにお互いが強みを出し合うことで力を発揮できます。「蟹座・蠍座・魚座」と「牡牛座・乙女座・山羊座」は二人でいることで成長していくことができます。

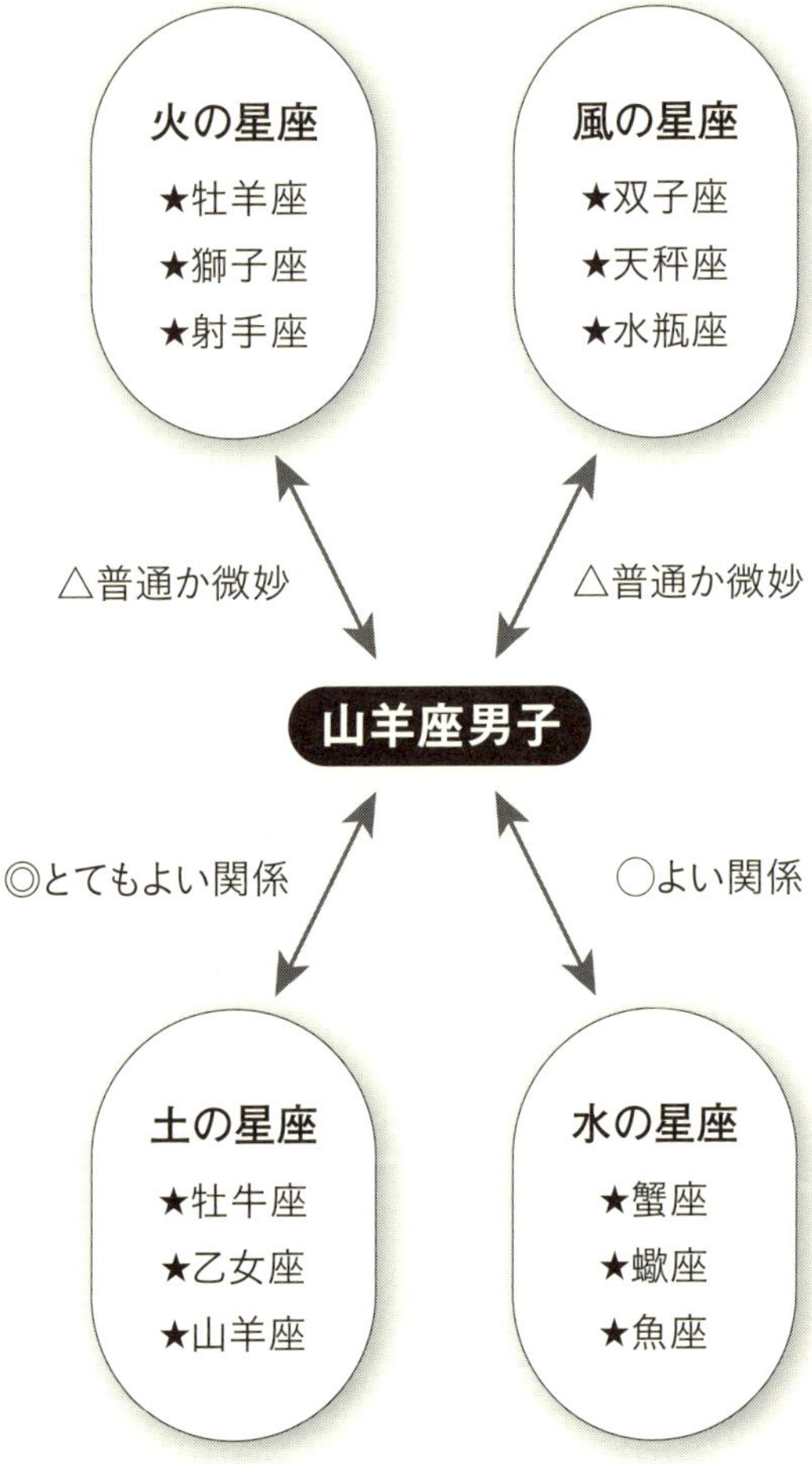

◉**山羊座男子**と4つのグループ

12星座の基本性格

あなたの太陽星座は何ですか？

山羊座とそれぞれの星座の相性を見る前に、まずは12星座の基本的な性格を見てみましょう。それぞれの星座について、象徴的な言葉を並べてみました。

【12星座の基本性格】
牡羊座：積極的で純粋。情熱的。闘争本能が強い。チャレンジ精神が旺盛。
牡牛座：欲望に正直。所有欲が強い。頑固。現実的で安全第一。変化を好まない。
双子座：好奇心が強い。多くの知識を吸収して行動する。器用貧乏。二面性。
蟹　座：母性本能が強い。同情心や仲間意識が強い。感情の浮き沈みが激しい。
獅子座：親分肌で面倒見がよい。豊かな表現力。創造性がある。誇り高い。

乙女座：緻密な分析力。几帳面。清潔好き。批判精神が旺盛。働き者。
天秤座：社交的。人づき合いが上手。バランス感覚に優れている。
蠍　座：慎重。物事を深く考える。時に疑り深い面も。やるかやらないか極端。
射手座：自由奔放《ほんぽう》。単刀直入。興味は広く深く、探求心が旺盛。大雑把《おおざっぱ》。無神経。
山羊座：不屈の忍耐力。指導力がある。地味な努力家。臆病。無駄がない。
水瓶座：自由で独創的。変わり者。博愛。中性的。ヒラメキ。発見するのが得意。
魚　座：自己犠牲的。豊かなインスピレーション。優しい。ムードに流されやすい。

性格には「いい性格」も「悪い性格」もなく、すべては表裏一体です。
それぞれの星座の「象徴的な言葉」から、あなたなりの理解で、読みとることが大切です。

12星座女子と山羊座男子の相性

組み合わせで、これからのつき合い方が変わる

牡羊座女子（火）と山羊座男子（土）――△

牡羊座と山羊座は「火」と「土」という、まったく違う性質の組み合わせです。牡羊座女子と山羊座男子は、基本的な価値観や行動パターンが違います。

牡羊座女子は活発で行動力があります。考える前に行動していたり、そのときの勢いで何事も一生懸命に取り組みます。

山羊座男子も自分の目標に向かって一生懸命に取り組みますが、慎重で無駄がないように行動します。用心深いところもあるため、思いつきや一時の衝動で行動することはしません。必要と考え、見極めたときに行動するのです。

アクティブで、いろいろなことに挑戦する牡羊座女子に、山羊座男子は自分にない

ものを持っていることで感心を持ちます。

牡羊座女子も、山羊座男子の理性のあるところや堅実な考えと行動にときめきます。けれども、いつもパワフルに活動する牡羊座女子の行動に、山羊座男子は心配でひやひやさせられます。はじめは持ち前の責任感で牡羊座女子の面倒をみたり助けようとしたりしても、しだいに疲れてついていけなくなります。

牡羊座女子も、山羊座男子の慎重すぎる言動が、面倒に感じるようになります。一旦そうなると、次の自分の興味あることに行動したくなるのが牡羊座女子の特徴です。

山羊座男子も、牡羊座女子の強引で大胆なところが理解できず、お互いの距離が離れてしまうでしょう。牡羊座女子が山羊座男子の生真面目で着実なところを、自分にないものと理解し、接してあげることが仲よくなる秘訣です。

牡牛座女子（土）と山羊座男子（土）——◎

牡牛座と山羊座は「土」と「土」という同じ性質の星座です。同じ性質なので、ほどよくお互いが理解し合える、居心地のよい関係になれるでしょう。

牡牛座女子は五感が鋭く、慎重でスローペースです。また人あたりもよく、自分の理想をマイペースに追い求めます。山羊座男子も、自分の理想のために着実に堅実な生活を好みます。

おっとりした雰囲気で、物腰も柔らかい牡牛座女子に、山羊座男子はほっと安心します。また牡牛座女子も、山羊座男子の真面目で、頼り甲斐のある行動に安心できるのです。お互いコツコツと真面目に取り組む姿勢が、一緒にいて安心感をおぼえるのです。

仕事でも二人が組むと、とても丁寧で完璧に仕上げていくでしょう。結婚しても、理想の家庭をつくることに協力し合っていけるでしょう。

またどちらとも上質なものを好み、無駄なことは省きたいという共通の価値観もあります。おいしいものや質のよいものを好み、そういうものを牡牛座女子は所有したいと考えます。

山羊座男子は上質な暮らしを望みますが、必要でないものにはお金や時間はかけたくないと考えます。また男女という性別の違いや趣味の違いから、お金と時間をかけるところが違ってきます。違うからといって、お互いの意見を主張しすぎてしまうとぶつかってしまいます。

お互いの好みや感性の違いを理解し、牡牛座女子が持ち前の感性を押しつけるのではなく、山羊座男子に理解してもらう努力が必要でしょう。お互いに理解し合えれば、とてもよい組み合わせの二人なのです。

双子座女子（風）と山羊座男子（土）――△

双子座と山羊座は「風」と「土」という、まったく違う性質の組み合わせです。

双子座女子は頭がよく回転も速いので、山羊座男子の喜ぶことや、元気の出る言葉を選んで、上手にコミュニケーションがとれます。

山羊座男子はつねに目標に向かって、真面目に着実な道を選びます。石橋をたたきながら進んでいくのです。そんな彼は、双子座女子の軽やかで勇気の湧くようなコミュニケーションに好感を持ちます。

双子座女子も、山羊座男子の「有言実行」の姿勢を信頼し、尊敬します。

同じ目的に向かうときも、頭の回転の速い双子座女子と、確実に無駄なく考え、行動できる山羊座男子の組み合せは、最速で最強の組み合わせとなるでしょう。

でも、お互いに基本の性質と価値観が違います。

双子座女子の柔軟で自由を好む行動が、山羊座男子には理解できず、どこか遠くへ行ってしまうのではないかと不安になることもあるでしょう。

また双子座女子は、山羊座男子の慎重すぎて真面目すぎるところが、自分とペースが合わずイラっとしたり、興味をなくしてしまったりします。

そうなると、しだいにすれ違う部分が多くなり、やがて溝《みぞ》ができるようになります。

だからといって、ケンカして揉《も》めたり、ましてやドロドロの泥沼状態に陥ることはありません。

双子座女子が溝なんか見えないように振る舞って、上手にコミュニケーションをとります。山羊座男子も、自由な双子座女子に少し言いたいことがあっても、あえて言わずにおいたりします。それよりも自分の将来や目標を優先したいのです。

ベタベタした関係ではないものの、お互いが程よい距離感を保ち、相手のよい部分を理解し引き出すと、よい関係が続けられます。

蟹座女子（水）と山羊座男子（土）――○

蟹座と山羊座は「水」と「土」という、協力し合える組み合わせです。

蟹座女子は母性があって優しく、面倒見がよいので、山羊座男子も居心地よく安心していられます。

山羊座男子の礼儀正しく、きちんとした言動と真面目なところに、蟹座女子はホッとします。お互いが安心していられる居心地のよい存在になれる関係です。

山羊座男子は、上質で礼儀正しい生活を好みます。また野心を持ちながら自分が目標に向かって、確実に進みたいと考えています。そんな山羊座男子を甲斐甲斐しく世話をすることができるのが、蟹座女子なのです。

蟹座女子は、山羊座男子のことを大切に守ろうとして、いろいろ面倒を見ます。山羊座男子も、蟹座女子があれこれと世話をやいてくれるので、そばにいたいと感じます。お互いがお互いを思いやり、優しくできるので、一緒にいても協力できます。

けれども蟹座女子は感情が豊かです。また心が通じ合うことで安心します。山羊座男子は、その感情の変化についていけないときもあります。

しっかりもので責任感が強いところがある山羊座男子には、上手に甘えると相手のことをかわいく思えたり、「自分がいなければ」という気持ちから守ってくれようとします。でも、甘えすぎると逆効果になります。

お互いが自分の考えや感情を押しつけると、あっけなく消滅してしまう関係でもあるのです。

蟹座女子のあふれる愛情で彼をフォローしたり、包み込んだりすることで、居心地よくなった彼は、あなたと離れられなくなるかもしれません。

お互いが自分の得意なところと、そうでないところを理解し合い、蟹座女子が感情のコントロールができると、二人の関係は長く続いていきます。

獅子座女子（火）と山羊座男子（土）——△

獅子座と山羊座は「火」と「土」という、まったく違う性質の組み合わせです。

獅子座女子は天真爛漫《らんまん》でストレートです。いつも明るく、ほがらかに、夢や目標に向かって行動していきます。

山羊座男子も夢や目標に向かって行動しますが、獅子座女子とは違います。自分の野心のために真面目にコツコツ取り組み、用心深いところがあります。

獅子座女子はどこにいても目立つ存在で、華やかでにぎやかな場所を好みます。

山羊座男子は、そんな獅子座女子に心がときめき、意識するようになります。獅子座女子の明るさが、山羊座男子に元気と自信を与えてくれるのです。

獅子座女子も、山羊座男子の目標に向かって努力するひたむきさに、好感を持ちます。お互い価値観や目標への進み方が違いますが、自分にないものを相手が持っているので、とても興味が湧くのです。

でも、価値観がすれ違い、相手に強要するようになると、お互いに距離をおきたくなります。獅子座女子のストレートさに、山羊座男子はハラハラし、山羊座男子の慎重さに獅子座女子がイライラするのです。

お互いが同じ目標に向かって長所を伸ばし、短所をカバーすることができれば、とてもよい関係を続けていくことができます。けれども、自分中心の考えになってしまうと、次第に距離ができてしまうでしょう。

相手を知ることで、自分にとって何が大切かがわかるというのは、恋愛における一番の学びであり、それこそが恋愛の醍醐味《だいごみ》だと考えるとよい関係が続けられるでしょう。

乙女座女子（土）と山羊座男子（土）――◎

乙女座と山羊座は「土」と「土」いう、同じ性質なので居心地のよい関係を築いていけるでしょう。

乙女座女子はいつもきちんとしていたい星座です。秩序をもって、整った空間や関係性のなかで安心することができます。

山羊座男子も礼儀正しく真面目なので、安心する空間や価値観が似ているのです。

また、乙女座女子はとても繊細で、分析上手の星座です。誰も気づかないような小さなミスを発見したりする才能があります。そういうところも、堅実なことを好む山羊座男子には、一緒にいて安心できる大切な要素なのです。乙女座女子もコツコツと一生懸命に目標に向かっている山羊座男子の生き方や、夢を追いかける姿勢に好感を持てるのです。

ただ夢を見るのではなく、現実的なことに立ち向かいながら生きる山羊座男子のゆるぎない安定感が、繊細で神経質な面を持つ乙女座女子の心を安定させてくれます。

この二人が協力し合えると、お互いの得意分野を強化していくことができます。

山羊座男子は働き者なので知らずしらずのうちに、ストレスをためていたり、我慢してしまうところがあります。

乙女座女子も不安とストレスをためやすい星座なので、お互いに、そのところを気をつけながら、話し合い、助け合っていきましょう。

お互いに、いつも安心できて応援してくれる相手は心強い存在です。二人の関係を大切にしていきましょう。

天秤座女子（風）と山羊座男子（土）——△

天秤座と山羊座は「風」と「土」という、まったく違う性質の組み合わせです。

天秤座女子は華やかで社交的、おしゃれな雰囲気を身にまとっています。実際、服や持ち物など、きれいでセンスのいいものが多いでしょう。

山羊座男子は、上質なもので自分に必要と考えたものがあればよいと考えます。華やかな天秤座女子に比べれば地味めです。けれども、だからこそ天秤座女子が気になるわけです。天秤座女子にとっても、礼儀正しく品がある山羊座男子は気になる男性の一人でしょう。お互いに自分がないものを持っているので、それが興味の対象となって、距離を縮めようとしますが行動も価値観もまったく違う二人です。

たとえばお金や時間の使い方、友人関係に至っても、どちらかの不満が出てしまうようになります。

山羊座男子が無駄に思うことでも、天秤座女子はお構いなしに、思う存分使います。そういうところが、山羊座男子にはまったく理解できません。

逆に天秤座女子は、山羊座男子の真面目さを厳格すぎると感じて、がっかりしてしまうのです。

そうなると天秤座女子は自然に距離をおいたり、他の男性に関心が移ってしまうでしょう。山羊座男子も、余計なことには時間を使いたくないと考えるので、ある日突然、あっさり別れてしまうこともあります。バランス感覚のよい天秤座女子が山羊座男子の必要なものとそうでないものを理解し、ほどよい距離感を保てると長続きできるでしょう。

蠍座女子（水）と山羊座男子（土）――〇

蠍座と山羊座は「水」と「土」という、協力し合える関係の組み合わせです。蠍座は洞察力があり、静かに深い愛を持っています。

山羊座は夢を形にしようと、何事にもコツコツと真面目に取り組みます。お互いが派手なことや、必要以上ににぎやかなことを求める性格ではないので、それぞれのペースや価値観を邪魔しないのです。

またお互いに忍耐力がある星座のため、頑張ることをあたりまえに感じているところは似ているので、わかり合える部分でもあります。

蠍座女子は、静かに相手を見守ることができます。山羊座男子は自分のペースを崩さずに行動できるので、とても居心地がよくなります。

仲よくなって距離が近くなると、山羊座男子は蠍座女子のことを守ろうと、優しくしてくれます。蠍座女子も、山羊座男子の責任感の強さや有言実行の態度に心から信頼できます。静かだけれど、安定したカップルになれる二人です。

安定したつき合いのまま結婚、という未来も想像できますが、万一、別れの方向に進んでしまうと、お互いの温度差が表面化してしまうでしょう。

山羊座男子はある程度まで我慢できますが、将来のためにならないと見切ってしまうと、サッサと次の道を歩もうとします。でも蠍座女子は忘れることはできません。いつまでも相手を思って、なかなか次に進めずに未練を残してしまうでしょう。

そんなことにならないように、日頃からお互いのよいところを認め合い、相手を思いやって支え合いましょう。とてもお似合いのカップルなのですから。

射手座女子（火）と山羊座男子（土）――△

射手座と山羊座は「火」と「土」という、まったく違う性質の組み合わせです。

射手座は活発で探求心があります。その探求心は、精神的な成長を求めるものであったり、単なる自分の興味を満たすものであったりと、多岐多様にわたっています。そんな射手座女子を、山羊座男子は面白い存在として見ています。

山羊座男子は自分の目標だけを見つめ、安全で最短ルートで達成しようと考え、行動します。その卒のない知性や行動に、射手座女子は自分にはない才能を見つけ、心ときめきます。

射手座女子も自由な行動をしているように見えますが、彼女なりの目的やゴールを求めて行動しています。

お互いに、目標を持って進んでいるという部分は似ていますが、行動や考え方がまったく違います。射手座女子の広い場所や遠くの場所を夢見ることとは違い、山羊座男子は現実的で、ある程度の範囲を決めて行動することに安心を覚えています。

そういうまったく違う二人でも、お互いが同じ目標を持ったときに、それぞれの得意な才能を活かすことで助け合い、協力し合えます。けれども、目標が違う方向に進んでしまうと、すれ違いも多くなってしまいます。

山羊座男子は我慢強いので、自由に行動する射手座女子を止めようとはしないかもしれません。それに甘えて射手座女子が自由すぎる行動をしてしまうと、どちらからともなく次第にフェードアウトしてしまうでしょう。

お互いの目標や価値観は違っても、高みを目指す相手を尊重し、ほどよい距離感を保つと、一緒に成長していくことができるでしょう。

山羊座女子（土）と山羊座男子（土）——◎

同じ星座同士の組み合わせは、多くを語らずともわかり合えます。同じ出来事についても、二人がほぼ同じように反応できるからです。初対面でなんだか気が合うと感じたら同じ星座だった、というのは、この組み合わせに多いパターンです。

基本の性格が似ているので、気も合いますし、それは行動にも出てきます。二人並んだときに、「雰囲気が似てるね」といわれることも多いでしょう。

相手を尊重して、お互いの好みを共有できると、強固なつながりになります。お互いが、なくてはならないパートナーになれるのです。運命の出会い、永遠の同志、というような、かけがえのない存在で、お互いがいられます。

山羊座は我慢強く、現実的です。自分の目標という野心を持ち、それは必ず達成します。また責任感も強いため、相手のことを大切にし、守ろうとします。

お互いが、つらいということを言葉にしなくても、気分が落ち込んだとき、助けてほしいときに、そばにいてケアをくれるのも、同じ星座でわかり合えているからこそでしょう。

二人の恋の始まりは、お互いに感じる「安心感」です。自分と似ている考えの異性がいるという発見から、近い関係になります。

ただし、どちらも恋愛に対しては奥手で、自己主張することは苦手です。恋愛に発展するまで、時間がかかってしまうかもしれません。その後、家族や身近な関係になったら、安定感からマンネリ化してしまう可能性も大きい二人です。

ときどきは二人で、新しいことを始めてみたり、旅行やイベントを楽しんだりすることも、長続きの秘訣の一つでしょう。

水瓶座女子（風）と山羊座男子（土）——△

水瓶座と山羊座は「風」と「土」という、まったく違う性質の組み合わせです。

水瓶座はとても自由な精神を持ち、博愛的な星座です。権力や地位などによって人を差別することはなく、公平な心を持っています。

山羊座は用心深いところがあり、明るく人当たりもよいのですが、必要以上に積極的に行動したり、人の輪のなかに入っていくことはしません。それよりも自分の目標達成のための行動をしたいと考えます。

そもそもの感覚や視点が違う二人ですが、水瓶座の副守護星は土星であり、山羊座の守護星と同じです。感覚や視点が違っていても、どこかわかり合えるところがあるのも、この組み合わせです。

たとえば、水瓶座女子も山羊座男子も目的を決めたら、感情に翻弄《ほんろう》されることなく淡々と物事を進めていくことができます。そのために、ある程度の我慢や制限を決め、それをあたりまえのように遂行できるのです。

こういう二人が協力して仕事を進めたり、同じ目標に向かうと、あっという間に完結してしまうという強力な組み合わせになり得ます。

でも恋愛に関しては、山羊座男子は奥手で慎重なところがあります。水瓶座女子は個性的でヒラメキがあり、ファッションや考え方も一歩先をいく女性のイメージです。結婚に関しても自由な考え方を持っているので、山羊座男子の価値観やルールという枠のなかでは窮屈に感じてしまうでしょう。

山羊座男子は責任感があるので、大切な女性は守りたいと考えていますが、水瓶座女子の望みや生き方とは違います。

けれども彼のそばにいると、堅実であること、上質な生活を生きることを山羊座から学ぶチャンスが与えられます。山羊座男子もまた、水瓶座から広い視野と発想を学ぶでしょう。お互いに、自分にはない価値観を認めることで、人としての幅が広がり、成長していくことができます。お互いに協力できることは助け合い、程よい距離感で、相手に干渉しないことが大切です。

魚座女子（水）と山羊座男子（土）――◯

魚座と山羊座は「水」と「土」という、協力し合える関係の組み合わせです。

魚座は優しく、広い心で多くの人に愛を注いでいきます。それは慈悲深く、時に自己犠牲的な愛です。

山羊座は大切に思う人には手を差し伸べ、守ってあげたいと考えます。でもそれは愛情や感情的なものというよりも、責任感のほうが強いのです。

魚座女子の優しさは献身的です。自分のことよりも彼のことを優先し、困っていることはないかと健気に尽くしてくれるのです。そういう魚座女子を見て、山羊座男子は守ってあげたくなります。

山羊座男子の現実的で真面目な姿は、魚座女子には安心感となり、そばにいたいと思います。そばで山羊座男子の夢を叶える応援をしたいと思うのです。

山羊座男子も優しい魚座女子に支えられ、日頃は我慢したり、耐えたりしている自分の心をホッとゆるめることができるので、お互いが支え合い、居心地のよい関係になれます。

一緒にいるだけで幸せを感じられる二人ですが、あまりにもお互いの存在を大切にしすぎて、本当の気持ちを我慢したり、押し殺してしまったりすることもあります。ときどき、お互いの意見や気持ちを聞いたり、伝えてみることが二人の愛を深めていく秘訣になるでしょう。

6

Relationship

山羊座男子とのつき合い方

山羊座男子が家族の場合

父親、兄弟、息子が山羊座の人

父親が山羊座の人

山羊座男子を父に持ったあなたは、「お父さんは厳しかった」というような印象があるのではないでしょうか。

山羊座男子は挨拶に始まり、日々の生活のなかで礼儀や決まりごとを重んじる星座です。服装にいちいち口出ししたり、歩き方や持ち物までうるさく言われた経験もあるかもしれません。

また伝統や歴史を大切にするので、父親のことを、新しいことを理解してくれない「古くて堅物のお父さん」だと思っている人もいるでしょう。

昭和の時代までは、日本は家長である父親はいちばん偉くて、敬《うやま》う存在でした。お父さんの食事には、おかずが一品が多かったり、お父さんが帰ってくると家族全員で出迎えたり、という光景が多く見られました。

いまの時代にはあまり見ませんが、山羊座男子の父親は、そんな昭和の時代の「Ｔｈｅお父さん」というイメージがピッタリです。

それは、考えが古いとか新しいとかということではなく、じつは、家族をそれだけ大切に思っていて、その家族愛の表現の仕方が「昭和」なのです。

昭和の時代のお父さんは、それこそ家族のためだけに、その人生を捧げていたといっても過言ではありません。そのために働き、自分のことはいつも二の次でした。

山羊座の父親は、まさしく、誰よりも家族を愛し、大切にします。

責任感が強く、妻や子どものことは絶対に、何があっても自分が守ると心に誓っています。そのために働き、養うのは当然のことであり、また子どもや妻が困らないように暮らしていけるように、一生懸命考えています。

多少しつけが厳しいのも、子どもの将来のためだと考えています。

「挨拶ははっきりとしなさい」
「お礼はきちんと言いなさい」
「見苦しい格好や行動はやめなさい」
というように、小さい頃から社会に出ても恥ずかしくないように、家では教育しています。少しでもだらしない格好や行動をすると、激しく怒られたということもあるでしょう。

子どもの勉強や将来のことでも、山羊座男子の父親は目標を決めることを重視します。

「次は何点とる」とか、「次はここのランクまで上げる」という約束をしたことがあったのではないでしょうか。そのときはプレッシャーに思ったことも、あとになって見ると、実際に成績が上がったり、試験でよい結果を残すことができた、という人もいるでしょう。

社会に出て、自分で稼いで生きていくことができるようにするのが、山羊座の父親が考える、子どもの教育です。

自分が幼い頃には、「お父さんは夢がない」「お父さんのようにはなりたくない」と考えたこともあったかもしれませんが、あなたがいま社会でちゃんとやっていけるのは、そのお父さんの教育の賜物《たまもの》です。

山羊座男子の父親は、目的や目標は必ず達成します。そのためには何が大切で必要か、ということを知っているのです。それを子どもには教えたいのです。

子ども自身が自分の立てた目標を達成するというのは、結果、子どもの夢が叶うことになるのです。子どもの夢が叶う＝子どもの幸せ、ということでもあります。

子どもの幸せを願わない父親は、この世にはいません。そのために、多少厳しい言葉やしつけになったりしてしまうのです。

そういう父親は、あなたたち家族や子どものことは大切に思っています。家族や子どもを守るのは、自分の責任でもあるのです。そのために自分できることは、いくらでもしたいくらいに考えています。

父の日や父親の誕生日には、感謝の気持ちをきちんと伝えましょう。

社会人として恥ずかしくないマナーや知識を身につけられたのは、山羊座の父親のおかげといっても過言ではありません。

「いつも、私たちのために頑張ってくれてありがとうございます」

「いつまでも元気でいてください」

家族からの感謝や励ましは、父親にとって、これ以上にない応援であり、プレゼントになります。日頃は気を張って頑張っているお父さんの心がほぐれ、うれし涙を見せるかもしれません。

兄弟が山羊座の人

幼い頃から何かにつけて生真面目な兄は、あなたにとって自慢の兄だったのではないでしょうか。

勉強も習い事も、すると決めたら最後までやり通し、コツコツと努力する姿は、ときどき「真面目すぎるんじゃない？」「そこまで頑張らなくてもいいのに」と思うほど。

仲良しの友達とは楽しそうにして、決して人づき合いが悪いわけではありません。

妹のあなたにとっては、勉強がわからないと言えば面倒を見てくれる、頼れる存在だったのではないでしょうか。

その一方で、だらしないことにはとても厳しいところがあって、時間を守らなかったり、本や服をリビングなどに放っておいたりすると、口うるさいところもあったでしょう。

山羊座男子の兄は、家族のなかでもルーズなことを嫌います。自分がそうであるように、言ったことには責任を持ってほしいと考えるし、それは人として当然のことだと思うのです。

また年功序列的な考え方がある兄は、年上だからという理由だけで、やたら偉そうにするところもあります。でも尊敬する部分も多いし、ときどき甘やかしてくれるところもあるので、許せる部分もあります。

では、山羊座男子の弟についてはどうでしょうか。年下なのにどこかしっかりとしていて、小さい男の子なのに、自分なりのペースで勉強や習い事に手を抜きません。時には、年下と思えないような、しっかりとした意見を言ったり、どこか用心深いところがあったり、と子どもらしさがないと思われていたかもしれません。

山羊座男子は年齢を問わず、計画的に物事を進めていきます。また、できるだけ要領よく進めていきたいと考えるために、時間の使い方も上手です。

たとえば、夏休みや冬休みの宿題や、他の勉強や習い事でも、計画的に完璧に終えることができます。

そして無駄づかいもせず、お小づかいを貯めておくこともできます。まったく使わないということではなく、「欲しいものがあるから、それを買えるまで貯めておく」という節制ができるのです。

山羊座男子の兄弟は、つねに志高く生きようとしています。そのための我慢もできます。多少の無理も頑張れます。だから結果を必ず手に入れることができるのです。

いつも頑張りすぎるぐらい頑張っている山羊座男子ですが、気の許せる家族と一緒にいる時間は、彼にとっては何より心が和《なご》みます。

彼の頑張りや、その結果を、あなたが褒めて讃えてあげましょう。兄弟だと照れくさいかもしれませんが、照れずに、声をかけてあげてください。日頃の努力を家族に認められることで、彼が次の目標へ向かう自信につながっていきます。

息子が山羊座の人

山羊座の息子は小さい頃から、控えめながら、どこか大人びています。

子どもというのは、絵本や空想の世界と現実がどこか曖昧《あいまい》で、その曖昧さを楽しみ、喜ぶものですが、山羊座の息子は、そういうものと現実を、しっかりと認知していて、知らない場所への冒険や危険なことには警戒して、回避する能力が高いのです。そのため年齢の割にしっかりしていて、現実的なところがあります。

大人から見れば、もっと無邪気に夢や冒険というものを楽しんだり、思いっきり遊んだりしてほしいと、子どもらしさというものを求めてしまいますが、いくら周囲が言っても、山羊座男子の性分なので変わりません。

山羊座生まれの子どもは、小さい頃から生きるということを、とてもリアルなものとして考えられます。そのために学ぶことや、生きるために必要なこと、成長することを率先して行います。

また、「やる」と決めたことを、最後までやり通そうと無理をしたり、我慢したりということも平気でします。自分の体力の限界まで頑張ってしまうので、親としては、ときどき心配になります。

最初は小さなことを計画し、目的に到達することを覚えたら、また次の目標へと進んでいきます。つねに向上心を持ち、日々行動しているのです。

たとえば、「テストで〇〇点をとるために、最低毎日〇時間勉強する」と決めたら、多少体調が悪くても、休まずにやり遂げます。そこで目標クリアしたら、また次の目標を立てていくのです。

親としては手がかからず、よい子の山羊座息子ですが、やはりどこかで息抜きや、リラックスできる環境を求めています。

そんな彼にいちばん身近で接するあなたは、彼が安心してリラックスできるような環境を提供しましょう。

息子が自信をもって社会で活躍できるように、努力したことと、それによって得た結果を褒めてあげましょう。

もちろん悪いことをしたら叱ってください。ただし、感情的に叱っても、彼には響きません。彼が将来の自分を想像できるように、一人の人間として、彼のわかる言葉で丁寧に諭《さと》してあげてましょう。

夢を形にできる山羊座の息子は　将来母親であるあなたにとって、誰よりも頼もしい味方になってくれるでしょう。

山羊座男子が友人（同僚）の場合

的確で現実的なアドバイスをくれる頼もしい仲間

向上心を持ち、つねに志《こころざし》の高い山羊座男子は、仕事や共同作業をするときにもぬかりありません。特に自分が興味を持ったり、やりたいと言い出したことに対しては緻密に計算し、計画を立てていきます。

よく口だけで、あとはほったらかしというタイプもいますが、山羊座男子はそうではありません。

ゴールに向かって段取りよく、効率よくすることを考えながら進めていきます。細かい時間配分や資金のこと、何から何まで彼のつくったプランだと安心できるという頼れる仲間です。

また、その計画通りに冷静に淡々とこなしていく姿も、友人としての安心材料の一つです。

山羊座男子の特徴として、「○○通り」に進めることで、彼らは安心します。

たとえば、「計画通り」に、「時間通り」に、「約束通り」に、というように、事前に、ある程度フレームをつくり、その通りに動くことで安定を保っているのです。

自由に動きたいタイプや臨機応変タイプとは違い、決まりごとをつくり、保証された領域を望むところがあるのです。

また、山羊座男子は危険な賭けや挑戦というものはしませんが、的確で堅実な道を歩いているので、不安なときや自分の将来が心配になったときも、的確で現実的なアドバイスをくれます。

人生はアドベンチャーという感覚も楽しいですが、やはりその前に、目の前の現実を大切にするという意味では、なくてはならないご意見番です。

彼に進路や将来のことを相談すると、「収入はどうなの？」「生活はどうするの？」と、つい夢を追いかけてしまうところでも、現実を考える方向に導いてくれます。

挨拶や、目上の人を敬うなど、社会人としての言動ができる彼は、同世代でも、ちょっと大人っぽい感じで、頼れる存在です。

彼にはルーズなところがなく、それゆえに、相手にも自分と同じくらいの責任感と真剣さを求めるところがあります。

彼のそばにいると、ときどき窮屈な感じもしますが、人生の目的をしっかり持って生きようという覚悟と刺激をもらえるでしょう。

山羊座男子が目上(上司、先輩)の場合

仕事にも礼儀にも厳しい、仕事ができる上司

山羊座男子の上司は部下に対しては、仕事に関しても、礼儀に関しても、厳しいところがあります。仕事に関しては、結果を出すことが最優先事項です。それも早く結果を出せる人ほど、評価が高くなります。

いつも自分がそのように行動しているということもありますが、時間をかけて同じ結果を出すことは、誰でもできるという合理的な考えがあるからなのです。

山羊座男子の上司は、仕事ができます。仕事ができる人と、そうでない人を、自分のなかで振り分けています。差別しているわけではありませんが、その人の結果や仕事ぶりを見て、正当に評価しているのです。正当な評価ができるというのは、部下にとって、これほど信頼できる上司は、他にはいないといっても過言ではありません。

もちろん自分も仕事に対しては、つねに上を目指し、努力を怠りません。そうやって結果を出し続けてきました。そのため部下に対しても同じ期待を持ったり、指導するために、口調も評価も少々きつくなりがちです。

また挨拶や義理という礼儀を重んじる上司に接するときは、日常の行動や服装にもうるさくなります。上下関係や行儀作法には、特に厳しいところがあります。

たとえば、上司に会うときには、上着のボタンはきちんとしめる、姿勢を正す、など、仕事には直接関係ないと思われるところまで見て注意することがあります。

いまどきは仕事さえできれば、礼儀などはあまりこだわらない、という人も多いですが、山羊座男子には通用しません。

身だしなみや挨拶ができない人は、仕事もできないと評価する傾向があります。

自分の上司にはもちろんのこと、取引先や顧客に対しも、礼儀や身だしなみに気をつけましょう。山羊座男子の上司のもとでは多少厳しいことがあっても、それが将来に役立っていくでしょう。

山羊座男子が年下（部下、後輩）の場合

シビアに上司や先輩を見ている

いつも慎重でミスも少ない山羊座男子の年下は、一緒にいると安定感があります。コツコツとマイペースでやるべきことをこなしていく姿は、頼れる存在です。

出会って間もない頃は、彼は縁の下の力持ちタイプだと思っていたけれど、仲良くなると上昇志向があり、自分なりに努力もしっかりしているとわかってきます。

収入やポジションについても、上を目指しています。彼は目の前のことをすることで、次のステップに登る。そしてまた次、その次と、人生のステップを上がっていきます。

そういう努力と目的があるからこそ、目の前のつまらないと思えるような仕事も、きちんとこなしていけるのです。

そんな山羊座男子は、将来設計も時間管理もしていて、年下には思えないくらい落ち着いています。

放っておいても自分のやるべきことをやってくれて、一緒に仕事をするのは楽なのですが、ときどき年上としてのプレッシャーを感じてしまいます。

実際に山羊座男子も、仕事に関してはシビアなところで、上司や先輩を見ているところがあります。

そういう年下には見本となるように、あなたもきちんと結果を出したり、見本となる行動をとるようにしましょう。

しっかり者の山羊座男子の年下ですが、頑張りすぎて我慢したり、感情を抑え込んだりしてしまうこともあります。ときどきは話を聞いたり、抱えている仕事や量などを確認して調整してあげたりすることも必要です。

山羊座男子が恋人未満の場合

彼の仕事の「邪魔にならない存在」になる

山羊座男子は仕事が大好きです。もちろん恋愛や結婚も大切だけれど、自分の進む道を邪魔されたりするような面倒なことはゴメンだと考えています。

パートナーに対しては、「そういう自分をわかってほしい」という気持ちが強くあります。彼は自分の生き方の理解者と協力者を心のどこかで求めているのです。

彼との距離を縮めたければ、まず彼の仕事や趣味、興味のあることを理解できるような女性になりましょう。

話を聞いてあげるのはもちろんのこと、協力できることは手伝ったり、情報やアイデアを提供したり、というようなサポートを、さりげなくしてあげると、信頼関係が生まれ、仲良くできるでしょう。

彼が仕事に夢中になっているときにわがままを言ったり、かまってほしいアピールをすると、一気に「面倒くさい」というスイッチが入り、距離をおきたくなります。

仕事に夢中になっているときが彼の喜びということを理解し、そっとしておくのもよいでしょう。ひと段落したときに、あなたが彼を甘やかしてあげたり、優しく疲れをほぐしてあげたりすると、彼はホッとして、一気に距離が縮まっていくでしょう。

もともと彼は用心深いので、自分から積極的にアピールしたり、仲良くしようとしません。そんな彼があなたに心を許したら、そこからはあっという間に親密な関係になり、長いつき合いになれるのです。

きちんとした服装や身だしなみは、彼の前では必須条件ですが、時間や約束にルーズなことも嫌います。だらしのない女性が、恋人に昇格することはありません。

それどころか、じつは彼にとっては、距離をおきたい女性のグループに入れられているでしょう。仕事を楽しむ彼の心をほぐし、そっとそばによりそうことのできる女性が彼との距離を縮める一助になるはずです。

山羊座男子が苦手（嫌い）な場合

無理に好きになる必要はない、でも理解してみる

あなたは山羊座男子のどこが苦手ですか？

面白みがないところですか？

厳格なところですか？

ケチに見えるところですか？

その全部でしょうか？

こうしたところは、山羊座男子の性分なので仕方がないのです。

この星座の男子は、石橋をたたいて渡るか渡らないかを考えるタイプです。そして、その結果として渡らないことも多い、慎重な性格なのです。

危険は冒《おか》さずに安全で確かな選択をしていきたい、確実な人生を歩んでいきたいと

思うために、無難な道を選んで歩いていきます。

敷かれたレールの上の人生を歩きたくないという人もいますが、山羊座男子は自分でしっかりとレールの上を外れることなく歩いていきたいのです。そのために、面白みがないと思われてしまうこともあります。

また歴史や伝統を重んじる性格のため、風習やしきたりにもこだわります。古いものを好み、大切にしたいという思いがあるのです。

それが礼儀や行儀作法というものに表れ、自分にも他人にも厳しくなってしまうため、厳格な人と見えてしまいます。

合理的な生き方を選ぶ山羊座男子は、無駄なことは排除し、必要なものはとことん大切にしようと考えます。時間やお金についても、無駄なことはせず、必要なときに必要なかたちで使うのです。それが、周囲の人には「ケチ」に見えてしまうことがあります。

どんなことにも一つひとつ、着実に進めていく山羊座男子です。試練や苦悩を乗り越え、自分の欲しいものを手にし、不要なものは、あっさりと手放す星座です。

自分が我慢に耐えることができるために、人もそうであるという考えがあります。そのために、人によっては「厳しすぎる人」と映るのです。

あなたが、「そういうタイプの人は苦手だわ」と思ってしまうのも、しかたのないことです。

けれども見方を変えれば、彼ほど正直な人はいません。頭のいい人でもあります。

彼と親しくなれば、強い味方になってくれる頼もしい存在だといえるのではありませんか。

ふわふわした情報の多い現代の日本で、しっかりと現実に向き合い、礼儀を重んじる彼らは、すべての人のよいお手本となります。

無理につき合うことはありませんが、彼の本質を少しでも理解し、見方を変えてみると、彼ほど育てがいがある人はいません。大きな愛をもって、彼と向き合ってみては、いかがでしょうか？

7

Maintenance

山羊座男子の強みと弱点

山羊座男子の強み

働く能力はトップクラス

山羊座男子は、12星座中でも社会で働く能力はトップクラスです。それも「ただ働く」ということではなく、志高く、向上心と努力を怠らない働き方ができるのです。そんな山羊座男子が実質、社会を動かす核となっている、といっても過言ではありません。

社会は、秩序と常識で成り立っています。

社会のルールに沿って行動し、制限を与えられたなかで生活をしていますが、窮屈に思う人や、規則を守れずにいる人も多くいます。

また、その窮屈さゆえに自分というものが発揮できずに悩んだり、悶々《もんもん》としている人も多くいます。

でも山羊座男子は、いくら制限やルールに縛られていても、そのなかで自分の能力を最大限に発揮できるのです。

山羊座男子は専門分野でも、起業しても、必ず能力を発揮し、トップまで上りつめようとします。自分が目指すところまで、あきらめずに進んでいけるのです。

多くの人は、トップになりたいとか成功したいと、少なからず考えます。たとえトップとはいかなくても、自分の納得いくような結果を出したいと期待します。

でも、ほとんどの人は、途中であきらめたり、投げ出してしまうから、そこまでたどり着けません。そういうなかでも、山羊座男子は目標や目的に向かって、コツコツとやり通すことができるのです。

周囲から「もう、やめたら?」と言われたり、「美味しい話」を持ちかけられたりしても、そんな言葉には耳を貸しません。

神話では、パーンは、あわてて変身したために神々に笑われてしまいましたが、それでも自分の生き方を曲げることはなかったのです。

周囲に何と言われようとも、自分の感覚を信じて、必要なことを学び、吸収し、成長していくというのは、現実社会を生き抜いていくのに、これほど頼もしいものはありません。

彼の存在や行為は、注目を集めるような派手なものではありませんが、着実に夢を現実のものとしていけるのです。

そんな彼は、パートナーであるあなたのことも大切にします。

あなたのためにも、生活や収入などをよりよいものになるように努力してくれるのです。

夢を手にすることのできる彼のそばにいると、自分も夢が叶えられそうな気がしてくるのではないでしょうか。

山羊座男子の弱点

過信と自己嫌悪がストレスのもと

山羊座男子は秩序を大切にします。それゆえ、我慢強い性格でもあります。感情的になったりせずに、冷静沈着に考え、行動します。保守的なところもあるために、危険なことや無謀なこともしないマイペースな人に見られます。

仕事もできて頭もよいので、ストレスなんかないように見えます。

実際、山羊座は土星という制限や試練という星を守護星に持ち、たいていの試練やつらいことも我慢できてしまうのです。

そんな彼だからこそ、完璧を求めてしまうところもあります。

仕事ができるがゆえに、「もっとできるはず」という過信があり、それができないときには、自己嫌悪で自信をなくしたり、自分の努力が足りないという自責の念にから

れたりします。

そうなると、もっと頑張ろう、努力しようと過剰に働きすぎたり、ストレスをためたりしてしまうのです。

また安全と安定を求める山羊座男子は、臨機応変ということも苦手です。

多少のことは人生のなかの経験で学ぶことができるので対応できますが、急激な変化や、とっさの判断には戸惑ってしまう場合があります。想定外の出来事が起きると安定感が崩れ、一度にストレスとなってしまうでしょう。

本人は一生懸命、安定を立て直そうとするのですが、それができず、結果、体調やメンタルに影響が出てきてしまいます。

山羊座は、感情を理性でコントロールしようとします。

ストレスや不調があっても、それを人に言うようなことしません。表面上はあくまで、いつもと変わらなかったり、何事もなかったように振る舞えるのが山羊座男子です。

そのため、身近にいる人でもなかなか気づきにくいのですが、ちょっとしたときに感情的になったり、疲れたような表情を見せたりしたときには、注意が必要です。

バランスを崩した山羊座の不調は、「関節や骨」の部分に表れやすいものです。また免疫系も弱くなり、結果「皮膚のトラブル」として症状が表れます。

そういう症状が発覚する前に、辛抱強く、いつも張り詰めた彼の心を、あなたがそばでゆるめてあげてみてはいかがでしょうか。

8

Option

山羊座男子と幸せになる秘訣

山羊座男子を愛するあなたへ

彼の愛が信じられないとき

山羊座男子は、いつも冷静沈着で、あまり感情を表に出しません。

でも、そんな彼でも、信頼できる相手と決めたあなただけには、自分の正直な気持ちや考えを口にすることができるのです。

日頃は一人で抱えていることも、あなただけにはわかってほしいのです。

それを打ち明けるのは、誰でもよいということはありません。山羊座男子は12星座のなかでも、警戒心の強さは上位になります。

そのために、心を許せる人はとてもかぎられているのです。彼の愛は、浮かれたものや、いい加減なものではありません。特別な関係になるということだけでも、彼のあなたへの愛は本物です。

仕事が大好きな彼は特別な関係になっても、どこか仕事優先なところがあります。あなたといても、仕事の話ばかりしたり、仕事が忙しくなると、何日も放っておかれたりするかもしれません。でもそれは、彼が将来のためにやっていることで、その将来には、特別な存在としてのあなたも含まれているはずです。

放っておかれることで、あなたが騒ぎ立てるようだと、彼の愛は離れていってしまいます。また、わがままを言いすぎるなど、「自分とは価値観が違う」と彼が判断したときにも、将来の想像ができなくなり、彼は去っていくでしょう。

努力をあきらめない彼は、社会で活躍できる存在です。そんな彼を支え、ホッとできる居場所を、あなたがつくるようにしましょう。

山羊座男子は、本のタイトルの通り「いちばん夢を現実化」することのできる星座です。夢を現実にできることは誰もが望むことであり、生きるうえで大きな喜びとなります。喜びは多くの人を明るく幸せにし、周囲に伝染します。

その明るさと幸せをもたらす山羊座男子には、あなたの愛がいちばん必要です。

山羊座男子と一緒に幸せになる

愛にも仕事にも責任感を発揮する愛すべき存在

いつも生真面目な彼は、本当に安心できる人。言ったことは必ず実行して、最後までやり抜く姿は心から信頼できます。そんな彼はあなたに対しても、愛情を持って、大切に守ってくれようとするでしょう。

3組に1組が離婚する近頃では、バツイチも珍しいことではありませんが、山羊座男子の彼は、よほどのことがないかぎり、離婚はしたくないと考えています。

離婚することが悪いと思っているわけではなく、できれば、縁のあった人とは添い遂げたいと思って努力します。

結婚のときに愛を誓いますが、それを貫くことが容易でないのは、どの星座にかぎらず、経験者であれば誰でもわかっていることでしょう。時には修復不可能な事態になることもありますが、山羊座は、最初に立てた誓いに責任を持ち、自分が我慢しても、なんとか元の鞘《さや》に収まりたいと思うのです。

それほどの覚悟をもって、結婚や恋人になっているのです。

山羊座男子は勤勉で、働き者です。将来も出世や高収入を狙って生きているところがあり、実際に手にすることができる確率の高い星座なのです。

女性がよりよい遺伝子を残そうとするのは本能です。より優秀な子を産むことを望み、そのために優秀な男性を求めます。

未来の社会をつくり、不安定な時代を生き抜くには、手堅い選択と行動力が必要です。山羊座男子には、大きな働きをしてもらわなければなりません。

彼は一人の人間として高みを目指し、つねに努力し、成長していきます。

逆境や苦難にもひるまず、自分の道を確実に進む強さがあるのです。そして、夢を実際に形にしていく能力と才能があるのです。

自分の気持ちを外に出さないので、「本心がよくわからない」という面もありますが、自分が決めた人は守り抜くという頼もしい山羊座男子は、愛すべき存在です。

山羊座男子にかぎらず、その人のことを知れば知るほど、欠点が目について、「やっぱりやめておこう」「こんな人とはつき合えない」と思うようになるかもしれません。でも、欠点はお互い様です。そして、欠点は長所の裏返しです。

そのことを理解して、努力することに、私たちの生きる目的があります。

山羊座男子と幸せになるには、彼を理解することです。

慎重すぎる彼も、保守的な彼も、受け入れてあげることです。

あなたが無理をする必要はありません。

あなたはあなたのままで、つき合っていけばいいのです。

彼が戸惑うこともあるかもしれませんが、彼なりに、あなたを理解しようとしてくれているのであれば、そのことを認めてあげてください。

お互いに認め合うことができれば、一人と一人の人間同士、愛し、愛される関係を築いていけるのではないでしょうか。

おわりに
相手を理解して運命を好転させる

人は夜空に輝く星を、はるか昔から眺めながら生活してきました。

それはただ美しいと感じるだけではなく、あるときは生きるために、あるときは王様や国の運命を見るために、星の動きや位置を見ていたのです。

昔の人は、月が欠けて見えなくなると大騒ぎでした。夜が真っ暗になるのは不安だったのです。反対に満月になると大喜びしたものです。

その月や星の動きや位置を、たくさんの人が関わりながら研究し、長い長い時間を経て、現代の私たちに伝えてきたのです。

さて、本書では、山羊座男子のいいところも悪いところも書いてきました。

性格にはいいも悪いもなく、長所と短所は背中合わせです。長所がいきすぎれば短所になり、短所と思っていたところが長所になることがあります。

山羊座は12月22日〜1月20日（その年によって多少ズレがあります）のあいだに生まれた人です。西洋占星学では、一年は牡羊座から始まり、最後の魚座まで12の星座に分類しています。それぞれに長所があり、短所があります。

12星座で「いちばん夢を現実化する」山羊座男子は、あなたの星座によっては、ときに理解しがたい存在かもしれません。

自分の常識では、

「どうして、そんなふうに言うの？」

「どうして、そんな態度をとるの？」

と思うこともあるでしょう。

けれども、「山羊座」の価値観や行動パターンを知れば、許せるかどうかはともかく、理解することはできるでしょう。

彼を理解することで、自分への理解を深めることもできます。

彼に対しての「許せないこと」は、あなたにとっての大切なことです。

それがわかれば、あなたのことを彼に理解してもらえるかもしれません。

山羊座は勤勉で、礼儀を重んじる星座です。あなたのことを理解したなら、それまで以上に、あなたにとって強い味方となります。

ところで、早稲田運命学研究会は、２００９年2月25日（新月）、一粒万倍日《いちりゅうまんばいび》に発足しました。

「一粒万倍日」とは、「大安」と同じように縁起のいい日のことで、「一粒《ひとつぶ》の籾《もみ》が万倍にも実る稲穂になる」という意味です。結婚や開業、なにか新しいことをスタートするときには、この日を選ぶと繁栄します。反対に、この日に借金などをすると、借金が大きくなってしまうので避けなければなりません。

それはともかく、早稲田運命学研究会は、運命を読み解いていくことを目的として、私が主宰しているものです。

「運命」を読み解くには、その前に、そもそも「運命」とは何であるかを押さえておかなければなりません。言い換えれば、その人の「運命を決めるもの」とは何か、ということです。

これは、「占術」のジャンルで見ていけば、わかりやすいかもしれません。

つまり、姓名判断の人から見れば、「運命は名前によって決まる」というでしょうし、占星学でいえば、「生まれた星の位置で決まる」ということになります。

そう考えると、「運命を決めるもの」は、占い師の数だけあるといってもいいでしょう。それらのどれが正しい、正しくないということはありません。むしろ、そのすべてに一理ある、と私は思っています。

しかし、時に運と運命を一緒くたにしている人がいます。あるいは受けとる側が一緒くたにしてしまうことがある、ということもあります。

運命とは何かというときに、それは「運」とはまったく違うものだということを、しっかり憶えておきましょう。

「運」というのは、簡単に言えば、「拾えるもの」です。

「運命」は、「運」のように、たまたま拾ったりするものではありません。

「命を運ぶこと」が、「運命」です。自分の命をどう運ぶか、ということ。そこに「たまたま」という偶然はありません。

それだけに非常に厳しいものだ、と考えなければならないものです。

あることがきっかけで運命が変わった、という人は多いでしょう。

たとえば、結婚をして運命が変わったとか、そこの会社に就職して運命が変わった、というようなことがあるでしょう。

結局は「そうなる運命」だったということもできますが、もしも「変わった」とすれば、それは、その人自身が、あるところで「自分の命の運び方」を変えたことによって起きたのです。

この「運命を変える」ことは、簡単ではありません。

ある日誰かがひょいと自分を持ち上げて、「うまくいかない運命の道」から「うまくいく運命の道」に置き換えてくれたら楽ですが、そんな「奇跡」は起こりません。

しかし、あなた自身が、自分の「命の運び方」を変えさえすれば、あなたの運命はあなたの望むように変えることができるのです。


私はもともと運命論者で、文芸誌の編集者時代に、芥川賞作家にして、手相学・人相学の天才ともいわれた五味康祐に人相学・手相学をはじめとする「運命学」を直接学び、以来、独自に研究を重ねながら、運命に関する著作も多く執筆してきました。

当会顧問のアストロロジャー、來夢先生は、そんな私のことを「運命実践家」と呼びます。『12星座で「いちばんプライドが高い」牡羊座男子の取扱説明書』から始まり、「牡牛座」「双子座」「蟹座」「獅子座」「乙女座」「天秤座」「蠍座」「射手座」に続いて、本書でも共に監修していただけたことに感謝申し上げます。

運命の本質を知ることは自分を知ることであり、人生を拓く大切な一歩になります。本書『12星座で「いちばん夢を現実化する」山羊座男子の取扱説明書』を手にとってくださったあなたは、いま現在、山羊座の男子とつき合っているのかもしれません。これからつき合おうと思って読んでみたという人もいるでしょう。あるいは職場や仕事上で、山羊座の男性と関わりがあるという人も多いはずです。

努力することをあきらめず、真面目で礼儀正しい山羊座男性とつき合っていくときに、ぜひ本書を脇に置いて、ことあるごとにページをめくっていただけたら幸いです。

早稲田運命学研究会主宰
櫻井秀勲

●監修者プロフィール

來夢（らいむ）

アストロロジャー&スピリチュアリスト。星活学協会会長。経営アストロロジー協会会長。早稲田運命学研究会顧問。マイナスエネルギーをいかにプラスに変えるかという実用的な視点から占星学を活用。ＯＬ、主婦からビジネスマン、成功経営者まで、秘密の指南役として絶大な支持を得ている。著書に『月のリズム　ポケット版』『「あたりまえ」を「感謝」に変えれば「幸せの扉」が開かれる』（きずな出版）、『「運」の正体』（ワック）、『らせんの法則で人生を成功に導く　春夏秋冬理論』『運活力』（実業之日本社）、共著に『誕生日大事典』（三笠書房）他多数。
シーズンズＨＰ　http://www.seasons-net.jp/

櫻井秀勲（さくらい・ひでのり）

早稲田運命学研究会主宰。１９３１年、東京生まれ。東京外国語大学ロシア語学科卒業。文芸誌の編集者から31歳で「女性自身」の編集長に。当時、毎週１００万部の発行部数を維持し出版界では伝説的存在。文芸誌の編集者時代に、芥川賞作家にして、手相学・人相学の天才ともいわれた五味康祐に師事。人相学・手相学をはじめとする「運命学」を直伝。以来、独自に研究を重ねながら、占い・運命学を活用。著作は『運のいい人、悪い人』（共著、きずな出版）、『運命は35歳で決まる！』（三笠書房）、『日本で一番わかりやすい運命の本』（ＰＨＰ研究所）など２００冊を超える。
早稲田運命学研究会　公式ＨＰ　http://w-unmei.com/

12星座で「いちばん夢を現実化する」

山羊座男子の取扱説明書

2018年3月20日　初版第1刷発行

監修　來夢、櫻井秀勲
著者　早稲田運命学研究会
発行者　岡村季子
発行所　きずな出版
東京都新宿区白銀町1-13　〒162-0816
電話　03-3260-0391
振替　00160-2-633551
http://www.kizuna-pub.jp/

ブックデザイン　福田和雄（FUKUDA DESIGN）
編集協力　ウーマンウエーブ
印刷・製本　モリモト印刷

ISBN978-4-86663-028-1

きずな出版